U0500409

Stringent Intellectual Property Protection:
Institutional Exploration and Regional Practices

侯　隽／著

严格知识产权保护

制度探索与地区实践

知识产权出版社
全国百佳图书出版单位
——北京——

图书在版编目（CIP）数据

严格知识产权保护：制度探索与地区实践/何隽著 . —北京：知识产权出版社，2020.10
ISBN 978-7-5130-7143-7

Ⅰ.①严… Ⅱ.①何… Ⅲ.①知识产权保护—研究—深圳 Ⅳ.①D927.653.340.5

中国版本图书馆 CIP 数据核字（2020）第 163086 号

内容提要

本书从制度探索和地区实践两个层面解析严格知识产权保护。全书分为四章，分别对知识产权保护实践中的新问题，大数据、智能金融、低碳和基因科技等新兴产业的知识产权保护机制展开探讨；针对深圳市严格知识产权保护的制度探索和知识产权证券化实践展开分析；同时，通过热点案件和事件阐述严格知识产权保护的具体实施路径。本书可作为知识产权和法律专业人士、研究者和相关政府机构工作人员参考用书。

责任编辑：许　波　　　　　　　　　　　　责任印制：孙婷婷

严格知识产权保护——制度探索与地区实践
YANGE ZHISHI CHANQUAN BAOHU——ZHIDU TANSUO YU DIQU SHIJIAN

何　隽　著

出版发行：**知识产权出版社**有限责任公司		网　　址：http://www.ipph.cn		
电　　话：010-82004826		http://www.laichushu.com		
社　　址：北京市海淀区气象路 50 号院		邮　　编：100081		
责编电话：010-82000860 转 8380		责编邮箱：xubo@cnipr.com		
发行电话：010-82000860 转 8101		发行传真：010-82000893/82005070/82000270		
印　　刷：北京建宏印刷有限公司		经　　销：各大网上书店、新华书店及相关专业书店		
开　　本：720mm×1000mm　1/16		印　　张：11		
版　　次：2020 年 10 月第 1 版		印　　次：2020 年 10 月第 1 次印刷		
字　　数：157 千字		定　　价：68.00 元		

ISBN 978-7-5130-7143-7

严格知识产权保护的基础是对法律原则的准确把握和对具体规则的认真执行。基于此，本书从制度探索和地区实践两个层面解析严格知识产权保护。全书分为四章，分别对知识产权保护实践中的新问题，大数据、智能金融、低碳和基因科技等新兴产业的知识产权保护机制展开探讨；针对深圳市严格知识产权保护的制度探索和知识产权证券化实践展开分析；同时，通过热点案件和事件阐述严格知识产权保护的具体实施路径。本书可作为知识产权和法律专业人士、研究者和相关政府机构工作人员参考用书。

第一章重点探讨知识产权保护实践中的新问题，包括对专利质量提升工程及其实施成效的评价；对知识产权立法中跨国公司因素的分析；以及对知识产权替代性纠纷解决机制的评介。

第二章重点探讨新兴产业的知识产权保护机制，包括从技术、产业和法律三个维度对大数据产业的知识产权风险展开分析，并提出相应的保护机制；对智能金融产业中人工智能技术的专利布局展开分析，并对全球竞争态势作出研判；针对低碳技术的技术转移和专利许可的特点，提出构建粤港澳大湾区绿色专利池的构想；以及针对基因科技产业高投入、高风险和面临伦理冲突的特点，探讨基因专利面临的挑战及其应对策略。

第三章重点探讨深圳知识产权保护的实践及其反思，包括通过对北京、上海、广州和深圳四地的司法大数据分析，总结深圳知识产权司法保护的特点，讨论深圳如何构建最严格知识产权保护制度；在中美贸易战的背景下，对深圳市知识产权保护工作现状进行梳理，讨论深圳如何完善知识产权工作；以及对深圳市建立知识产权信用监管机制、惩罚性赔偿制度方面的探索和知识产权证券化实践展开分析。

第四章通过热点案件和事件重点探讨严格知识产权保护的具体实施路径，包括对知识产权制度性问题的探讨，涉及专利许可费仲裁、知识产权证券化、体育赛事知识产权和非物质文化遗产保护；针对商标侵权与不正当竞争纠纷进行分析，涉及同名作品、原创表情包和驰名商标；针对著作权和邻接权纠纷进行分析，涉及同人作品、图书引进、版权继承和表演者权；以及针对信息网络传播权侵权纠纷进行分析，涉及短视频、微信小程序和视频聚合平台。

附录部分包括中国（深圳）知识产权保护中心调研总结，以及在清华大学深圳国际研究生院举办的"知识产权＋"系列讲座节选。

目 录

C
o
n
t
e
n
t
s

第一章　知识产权保护实践中的新问题

本章重点探讨知识产权保护实践中的新问题，包括对专利质量提升工程及其实施成效的评价；对知识产权立法中跨国公司因素的分析；以及对知识产权替代性纠纷解决机制的评介。

第一节　专利质量提升工程及实施成效

2016年，国家知识产权局出台《专利质量提升工程实施方案》，具体包括发明创造与专利申请质量提升工程、专利代理质量提升工程、专利审查质量提升工程以及严格保护和高效运用促进专利质量提升工程。

一、提升专利质量，实现高效创新

知识产权公共政策是关于知识产权创造、运用、管理、保护等一系列的、全方位的公共政策。有学者在2012年发表的论文❶中指出，国内知识产权政策的主要目标是权利界定和侵权惩戒，即鼓励知识产权申请和对知识产权侵权行为进行惩戒，因此，知识产权政策对技术创新绩效的影响程度很小。

2016年，国家知识产权局提出"专利质量提升工程"并出台系列实施

---

❶ 盛亚，孔莎莎.中国知识产权政策对技术创新绩效影响的实证研究［J］.科学学研究，2012（11）：1735-1740.

方案，相关政策完全突破了以往的政策局限，旨在全面促进专利创造、申请、代理、审查、保护和运用全链条各环节的质量提升，加快实现专利创造由多向优、由大到强的转变。"专利质量提升工程"实施至今，政策效应开始逐渐显现，对提高创新效益和效率发挥了重要作用。

世界知识产权组织（Word Intellectual Property Organization，WIPO）、美国康奈尔大学、欧洲工商管理学院联合发布的"2018年全球创新指数"❶（Global Innovation Index，GII）指出，有些经济体能够将教育、研究和研发支出等方面的投资转化为高质量的创新产出。这些能够被列入"高效创新经济体"（efficient innovators）的国家包括高收入国家中的瑞士、荷兰、瑞典、德国等，在中等偏上收入国家中，中国的创新效率远远领先于其他国家。

为了弄清为什么包括中国在内的有些经济体能够在高效创新方面脱颖而出，GII研究报告分析了所有被调查国家的创新投入和产出，发现对于创新相对高效的经济体，高价值投入将有效带来高价值的产出，也就是说，创新投资能够高效地转化为成果。而这些"高效创新经济体"都实行了有助于创新投资收益最大化的政策组合。

WIPO总干事高锐认为，中国在创新领域的突出表现是自上而下政策引导的结果，中国最高领导层将创新放置于经济战略的核心位置，推动经济向知识密集型产业发展，而这些产业需要通过创新来保持竞争优势。

审视"专利质量提升工程"推出的背景和政策内涵，可以发现相关政策恰好符合GII报告中所说的可以实现创新投资收益最大化的政策组合。2015年年底，《国务院关于新形势下加快知识产权强国建设的若干意见》中提出，要实施"专利质量提升工程"，培育一批核心专利；2016年，国务院印发的《"十三五"国家知识产权保护和运用规划》中，将"专利质量提升工程"列为四大工程之一。2016年年底，国家知识产权局出台

---

❶ CORNELL UNIVERSITY，INSEAD，WIPO. The Global Innovation Index 2018: Energizing the World with Innovation［R］. Ithaca，Fontainebleau，Geneva，2018.

《专利质量提升工程实施方案》，提出"四大重点工程、八大基础支撑"，其中"四大重点工程"包括发明创造与专利申请质量提升工程、专利代理质量提升工程、专利审查质量提升工程以及严格保护和高效运用促进专利质量提升工程；"八大基础支撑"包括完善法律法规及相关政策、营造以质量为导向的舆论环境、加强审查质量流程保障等。

由此可以发现，国家知识产权局在出台和实施"专利质量提升工程"相关政策时，已经从根本上意识到，提升专利质量并不仅仅是专利领域的事情；专利质量是彰显创新驱动发展质量效益的核心指标之一；要将思想认识统一到提升专利质量、推动经济高质量发展上来，要发挥专利对创新驱动发展的支撑保障和引导。

目前，"专利质量提升工程"的政策框架已经基本成型，政策实施效果初步显现，接下来需要更加重视政策的具体实施环节、实施效果和实施反馈，同时需要注意将知识产权公共政策与经济、贸易、科技、文化发展相结合，以培育核心专利，提升专利质量，实现高效创新。

二、围绕创新主体，尊重市场竞争

以下结合工作体会，从创新主体的专利意识、科技成果转移转化和发掘高价值专利三个方面，谈谈对提升专利质量的思考。

第一，提高科研人员的专利意识是专利质量提升的基础。科研人员作为创新主体，他们的知识产权保护意识对于专利质量提升至关重要，如果可以在高校，特别是在研究生阶段增加相关知识产权课程，则可以从整体上提高科研人员的专利意识，进而帮助他们在所从事的科研工作中正确认识并合理使用专利制度。

笔者曾在清华大学深圳研究生院讲授研究生学术与职业素养平台课程"知识产权法律及实务"，选修这门课程的都是理工科研究生。在授课过程中，笔者发现，绝大部分理工科研究生此前对于关于知识产权的知识几乎为零，因此需要从基础知识开始学习。与此同时，近一半的同学有专利方面的现实需求，一部分同学是自己打算申请专利，另一部分同学是所在实验室打算或正在申请专利，还有极少数同学已经申请专利并计划利用该技术进行创业或申请天使轮融资，因此迫切希望尽快掌握实用型知识和技能。在综合考虑上述现实和需求之后，笔者放弃原有从法条入手的教学方法，而是指导学生从现实案例出发，在实战中培养运用知识产权法律的能力。由此可知，要提升专利质量，就必须及早培养创新主体的专利意识。科研人员除了要学习掌握一定的专利知识外，还需要树立在专利事务中寻求专业化服务的意识，培养与专业人士对话、合作的能力。

第二，激励创新主体的政策红利是提升专利质量的保障。近几年，国内高校的专利申请数量大幅度提升，与此同时，也有专家指出，虽然专利数量上去了，但是国内高校的科技成果转移率和转化率却显著低于国外高校。事实上，高校科技成果转移和转化是随着 2015 年修订《中华人民共和国促进科技成果转化法》，破解科技成果使用、处置和收益权等政策障碍之后才逐渐兴起。2016 年国务院颁布《实施〈促进科技成果转化法〉若干规定》，提出更为明确的操作措施，鼓励研发机构、高等院校、企业等创新主体及科技人员转移转化科技成果，对在研究开发和科技成果转化中作出主要贡献的人员，要从科技成果转化奖励总额中以不低于 50% 的比例对其进行奖励。一些高校和研发机构也制定出台了本机构的科技成果处置办法。

以清华大学为例，2016 年后出台了《知识产权管理规定》《科技成果评估处置与利益分配办法》等配套政策，同时鼓励院系结合自身资源，根据各自学科和科研特点，针对转化流程和收益分配制定实施细则。也就是说，要把科技成果转移和转化的收益分配权真正交到创新主体手中。在相关政策的激励下，2017 年与 2016 年相比，清华大学的科技成果转化量的年增长率为 44%，知识产权许可转让投资额年增长率为 46%，以知识产权投资入股的企业年增长率达到 70%。科技成果转移和转化的井喷式增长一方面反映出专利质量的提升，另一方面也体现了政策红利的释放。

第三，专利诉讼是发掘和打造高价值专利的重要途径。专利的价值不仅体现在授权许可谈判中，也体现在专利侵权诉讼和专利无效诉讼中，可以说专利诉讼就是市场竞争的延伸。此外，专利诉讼也常常成为采纳新的专利许可模式和收费标准的突破口，是确立新的市场竞争格局的重要手段。

作为深圳市知识产权局的专家，笔者曾经参加深圳市知识产权优势企业的现场考察和评审，在评审中除了审查企业的专利申请、授权的数据和相关信息外，还经常会问企业两个问题：是否存在相关专利诉讼；是否有专利被纳入技术标准中。这两个问题看似简单，却从不同的侧面反映出该企业专利的质量，评审企业业绩也验证了上述判断。一方面，专利权的本质特征在于其专有性或排他性，排他性越强的专利，其所有者在市场竞争中占据的优势地位也就越明显，被仿冒的可能性也就越大。因此，在市场竞争中排他性强的专利必然面临更高的侵权风险，权利人起诉他人侵权的可能性更高，他人向专利复审委员会❶提出专利无效申请甚至向法院提起专利无效诉讼的可能性同样也更高，甚至发生专利权属争议的可能性也因为专利收益的增加而增大。所以，对企业而言，高价值专利必然会面临高诉讼风险；反过来，诉讼也证明了专利在市场竞争中的价值。另一方面，当专利被纳入技术标准中成为标准必要专利时，专利权人在专利许可谈判中也就处于优势地位，特别是对于强制性标准而言，专利权人甚至具备了垄断地位。近几年，通信领域重要的专利诉讼几乎都是针对标准必要专利提起的。

综上，笔者认为，"专利质量提升工程"的核心是培育高价值专利，提升专利质量应该围绕创新主体展开，同时应充分尊重市场竞争。

三、高质量专利审查，确保高质量创新

根据国务院发展研究中心的研究，当前我国创新发展到了从数量持续累积向质量不断提升的阶段。由此，既迎来新的机遇，也带来新的挑战，需要抓住关键环节，以体制机制优化带动创新质量提升。

确保高质量创新，已经成为各相关部门政策制定和具体工作实施的首要关注点。国家知识产权局为此专门颁布《提升发明专利审查质量和审查

---

❶ 现已改为专利复审无效审理部。

效率专项实施方案（2019—2022）》，并于 2019 年 3 月召开专项工作动员部署会，确立了专利审查中坚持质量与效率并重原则。该方案要求，在提高审查效率方面，通过强化精细管理，改革现有审查模式，推动互联网、大数据、人工智能与审查业务的深度融合等措施全力压减审查周期。在提升审查质量方面，通过严把专利审查授权关、完善专利审查保障体系和业务指导体系等措施稳步提升审查质量。

2019 年 9 月，为回应创新主体对审查规则和审查模式的新诉求，提高专利审查质量和审查效率，国家知识产权局决定对《专利审查指南 2010》作出修改，特别是对发明专利申请实质审查相关内容进行修改。具体修改包括完善"三步法"评述创造性的相关规定，规范审查员理解发明的一般路径，以及强化审查员的公知常识、举证责任等。

从全球范围来看，对创新的评价重心已经由创新数量转移到创新质量。在由 WIPO、康奈尔大学和欧洲工商管理学院联合组织的全球创新指数评估中，创新质量是重要的评估指标，主要考察以下三个项目：根据 QS 全球大学排名确定当地高校的质量；根据多局同族专利确定专利发明的国际化水平；根据引用文献的 H 指数确定科学出版物的质量。

在 2019 年 7 月发布的"2019 年全球创新指数"❶ 中，中国排在第 14 位，较 2018 年上升三个位次，是全球创新指数排名前 30 位中唯一的中等收入经济体。这也是中国在全球创新指数排名中连续第四年保持上升势头。尤其值得关注的是，中国也是唯一一个在创新质量的 3 项指标评估中向高收入经济体靠拢的中等收入经济体。

WIPO 组织总干事高锐在评价中国在创新质量上的成绩时，指出"创新正在促使中国从一个工业化或者制造业国家，转型成为一个具有高附加值的，以设计、智能制造、创新为基础的经济体。在转型过程中，中国走在了正确的方向上"。

---

❶ CORNELL UNIVERSITY, INSEAD, WIPO. The Global Innovation Index 2019：Creating Healthy Lives——The Future of Medical Innovation［R］. Ithaca, Fontainebleau, Geneva, 2019.

可以说，国家知识产权局正在展开的提升审查质量和审查效率的专项工作正是确保中国高质量创新的重要一环。高质量创新，强调原始创新、集成创新，要求积极融入全球创新网络。这不仅对创新主体提出了新的发展要求，也使得专利审查工作面临更加严峻的挑战，同时创新主体也将承担起更加重要的责任。

第二节　知识产权立法中跨国公司因素

中国作为众多跨国公司投资的目标国，跨国公司因其强大的经济资源和人脉资源，与国内各级行政和司法机构已经建立起密切的利益表达渠道，同时利用专业知识的优势，在诸多具体事务处理中充当政府决策的智库。跨国公司及其组织对中国知识产权立法产生了重要影响。

一、主要影响知识产权立法的跨国公司组织

跨国公司是经济全球化的产物，也是经济全球化的重要推动者，目前已经覆盖了全球经济的每个部门，使世界主要经济区的活动实现了一体化。然而，跨国公司奉行的是资本逻辑，在不受外部环境刺激的条件下，不可能内生出一套自我合法化的机制。[1]在跨国公司扩张的同时，其运作方式也深刻影响到东道国的发展。当今跨国公司最显著的特点是东道国控制力的减弱和母国联系的增强[2]，跨国公司通过接触当地行政官员，接触行政机关，以及利用专家及传媒，来对东道国政府规制体系施加影响。[3]全球化背景下，知识产权与贸易规则紧密结合在一起，贸易成为撬动全球

---

[1] 鲁楠.跨国公司：全球化时代的"世界精神"[J].文化纵横，2011（6）：20–26.

[2] 张瑞萍.WTO规则下跨国公司行为规制方式分析[J].现代法学，2005（3）：168–174.

[3] 宋华琳.跨国公司如何影响中国行政规制政策[J].行政法学研究，2016（1）：25–33.

利益的支点，知识产权的力臂长短是决定力量对比的关键。在全球扩张的过程中，跨国公司对知识产权立法产生重要影响。中国作为众多跨国公司投资的目标国，其在拓展市场的同时势必影响中国的知识产权立法进程。

根据所属母国及所属行业，跨国公司通常会以商会、产业联盟或行业协会的形式，与政府之间形成互动，进行政策游说。通过商会、产业联盟或行业协会储备资金、收集信息、积累经验、整合资源，利用各种可能的手段对政府机构进行游说，并向政府机构提供建议报告和智库支持。许多领域的立法都是以商会、产业联盟或行业协会的名义提出，以帮助其共同开拓市场。在国内活跃度较高的商会和产业联盟包括中国美国商会（the American Chamber of Commerce in the People's Republic of China）、美中贸易全国委员会（the US-China Business Council）、中国欧盟商会（European Union Chamber of Commerce in China）、中国日本商会（the Japanese Chamber of Commerce and Industry in China）和中国外商投资企业协会优质品牌保护委员会（简称"品保委"）（Quality Brands Protection Committee of China Association of Enterprises with Foreign Investment）等，上述商会通常以非营利组织的形式登记。

中国美国商会成立于1991年，是唯一获得官方认可代表美国在中国大陆企业的商会，商会会员超过4000人，代表着900家在华运营的外资企业，在北京、天津、大连、沈阳和武汉分别设有办公室。该商会的主要使命是，通过为会员提供政策咨询、信息共享、会员联谊、以及商务支持服务，协助美国企业取得在华业务的成功。

美中贸易全国委员会成立于1973年，现有200多家在中国经商的美国会员公司，会员公司中既有可口可乐等国际知名大型企业，也有美国小型企业和服务业公司，在华盛顿特区、北京和上海设有办事处。美中贸易全国委员会致力于推动中美两国发展贸易和经济技术合作，代表美国财团和企业界利益，在日常活动中反映美国政府的对华政策。

中国欧盟商会成立于2000年，其目的是应欧盟及其在华企业的需要，寻求更大的市场准入和改善经营条件。目前该商会会员公司总数已突破

1700 家，在 9 个城市设有 7 家地区分会，分别是北京、南京、华南（广州、深圳）、上海、沈阳、西南（成都、重庆）和天津。作为商会会员，有机会与中欧高层和具体执行部门官员会面，并通过参与编写《欧盟企业在中国建议书》来影响相关政策制定。

中国日本商会始于 1980 年成立的北京日本商会，于 1991 年 4 月经中国国务院授权设立，是中国政府批准设立的第一个外国商会。中国日本商会的目标是通过支持会员的商业活动，促进日中经济交流，促进日中友好。

品保委是在原中国对外经济贸易合作部和中国外商投资企业协会的支持下，于 2000 年 3 月在北京成立。当时会员企业共 28 家，目前有近 200 家。品保委成立的宗旨包括与各界合作，促进中国知识产权行政执法和司法保护持续进步，完善中国知识产权相关法律法规。因此，积极参与中国知识产权相关法律立法、修法工作一直是品保委的重点工作目标之一。

二、跨国公司参与和影响知识产权立法的途径

对近年来中国美国商会、美中贸易全国委员会、中国欧盟商会、中国日本商会和品保委参与及影响知识产权立法（包括法律法规及其他规范性法律文件）的活动进行分类收集和系统整理，可以发现，跨国公司及其组织的相关活动主要通过以下四种途径影响知识产权立法。

第一，直接递交立法意见书，对中国知识产权立法进行意见反馈。例如，中国美国商会、美中贸易全国委员会、中国欧盟商会和中国日本商会先后对《中华人民共和国专利法》（以下简称《专利法》）、《中华人民共和国商标法》（以下简称《商标法》）、《中华人民共和国著作权法》（以下简称《著作权法》）、《中华人民共和国反不正当竞争法》（以下简称《反不正当竞争法》）、《职务发明条例（草案）》《滥用知识产权反垄断规制指南》《专利审查指南（修改草案）》《关于滥用知识产权的反垄断指南》《禁止滥用知识产权排除、限制竞争行为的规定》等多份知识产权法律文件提出立法或修订意见书。仅在 2016 年，中国欧盟商会针对实用新型审查、跨境技术转让合同、网络著作权侵权纠纷和商业秘密保密义务等事项，向相关主管部门提出对《专利审查指南》《中华人民共和国合同法》（以下简称《合同法》）、《中华人民共和国技术进出口管理条例》和劳动就业相关法律法规的修改意见。

第二，与中国知识产权立法、行政、司法机构的高层交流互动。在整理分析了2011—2016年跨国公司与中国行政司法机构高层交流互动后发现，其主要途径包括定期拜访知识产权行政管理部门，参加法院和公共机构举办的司法解释及部门规章制定研讨会，共同组织研究课题等。其中中国美国商会拜访知识产权行政管理部门的次数最多，生物医药行业和电子信息行业的跨国公司活动更为积极。另外，品保委与各级政府部门及司法部门的互动较为频繁。

第三，运用传媒展开宣传，包括定期发布对中国知识产权立法和保护状况的评价，发布年度报告或其他书面文件，组织知识产权竞赛和征文，声援和宣传相关知识产权诉讼案件等。例如，中国欧盟商会每年发布年度《欧盟企业在中国建议书》和年度《商业信心调查报告》，借此反映会员企业对中国商业运营环境的看法以及未来业务发展意愿，概述中国市场监管环境的主要发展和欧盟企业在华遇到的问题等。中国日本商会自2010年起每年发布年度《中国经济与日本企业白皮书》，分析在华日资企业面临的共同问题并提出建议。

第四，组织学术活动，对法律专家产生影响，包括联合设立研究机构及专门教席、共同举办研讨会、合作开展研究及委托研究课题等。例如，2013年，清华大学与微软中国签署协议，共同建立"清华大学—微软创新与知识产权联合研究中心"，就创新政策扶持、知识产权法律体系发展等领域的优秀课题进行深入研究。2006年，上海同济大学和拜耳公司在同济大学中德学院设立拜耳知识产权基金教席，除开展知识产权领域教育外，还将支持学术界、政府、行业以及法律领域代表举行研讨会，通过比较研究来完善中国知识产权法律体系。

三、跨国公司对自主创新政策的态度及影响

2006 年 2 月，国务院颁布《国家中长期科学和技术发展规划纲要（2006—2020 年）》（以下简称《纲要》）。《纲要》在"若干重要政策和措施"一章中特别指出国家要"实施促进自主创新的政府采购"❶。2006 年 12 月，科学技术部、国家发展和改革委员会、财政部联合发布《国家自主创新产品认定管理办法（试行）》。此后，国务院又联合各部委陆续发布一系列支持创新的政策❷，地方政府也相继出台相关政策法规❸，加上对自主创新产品在政府采购上的配套优惠措施❹，构成中国政府促进自主创新的一整套政策举措。

上述政策的出台，引起了在华跨国企业的极大关注。在 2009 年美中

---

❶ 《纲要》规定要求："制定《中华人民共和国政府采购法》实施细则，鼓励和保护自主创新；建立政府采购自主创新产品协调机制；对国内企业开发的具有自主知识产权的重要高新技术装备和产品，政府实施首购政策；对企业采购国产高新技术设备提供政策支持；通过政府采购，支持形成技术标准。"

❷ 相关政策还包括国家测绘局发布的《测绘自主创新产品认定管理办法（试行）》；工业和信息化部、科学技术部、财政部、国务院国有资产监督管理委员会发布的《重大技术装备自主创新指导目录》；工业和信息化部、国家发展和改革委员会、财政部发布的《关于深化电信体制改革的通告》，此通告确立了"大力支持自主创新"的配套政策措施。

❸ 北京市科学技术委员会、北京市发展和改革委员会、北京市建设委员会、北京市工业促进局、中关村科技园区管理委员会发布了《北京市自主创新产品认定办法（修订）》；上海市科学技术委员会、上海市发展和改革委员会、上海市财政局发布了《上海市自主创新产品认定管理办法（试行）》；广州市科学技术局、广州市发展和改革委员会、广州市经济贸易委员会、广州市财政局发布了《广州市自主创新产品认定管理办法》；深圳市人民政府发布了《深圳市自主创新产品认定管理办法》；江苏省科技厅、财政厅发布了《江苏省自主创新产品认定管理办法（试行）》。

❹ 财政部发布了自主创新产品政府采购合同管理办法》；财政部发布了《自主创新产品政府首购和订购管理办法》；广东省财政厅、科技厅发布了《关于广东省自主创新产品政府采购的若干意见》。

贸易全国委员会会员企业在华经营年度调查中❶，由于只有极少数外国投资企业生产的产品被列入享受优惠的自主创新产品目录，受访的外资企业超过 80% 对自主创新政策表示担心。类似的担心还出现在中国美国商会的年度商务环境调查报告中。2010 年，中国美国商会首次在商务环境调查中设置了关于自主创新政策的问题，2010 年、2011 年两年的调查结果显示，超过 25% 的受访企业表示自主创新政策已经对其造成了业务损失，40% 的受访者认为自主创新政策将开始对他们的业务经营造成负面影响。❷

由于自主创新政策与政府采购政策密切相关❸，在当时引发跨国公司有关外国企业在中国是否享有国民待遇，是否存在利用自主创新政策在政府采购上歧视外国企业的争论❹。与此同时，时任国务院总理温家宝也在多个正式场合公开表示❺，"所有在中国投资的外资企业都享受国民待遇，在自主创新、政府采购和知识产权保护上，中国政府将一视同仁，平等对待。"

---

❶ 调查结果及分析参见：美中贸易全国委员会. 2009 年 USCUB 会员公司最关注事项调查结果 [EB/OL]. http：//www.uschina.org/ public/documents/2009/12/ uscbc_member_survey_chn.pdf.

❷ AmCham（The American Chamber of Commerce P. R. China）. 2011 China Business Climate Survey Report. 2011［R/OL］.［2011-3-22］. http：//www.amchamchina.org/upload/cmsfile/2011/03/22/efb2ab9d3806269fc343f640cb33baf9.pdf.

❸ 《自主创新产品政府采购预算管理办法》《自主创新产品政府采购评审办法》和《自主创新产品政府采购合同管理办法》这三个办法优先安排采购自主创新产品的预算，在评审中对自主创新产品采取不同幅度的价格优惠或加分，以及在履约保证金、付款期限等方面给予自主创新产品供应商适当支持等方面规定具体的扶持措施。又如，《政府采购法实施条例（征求意见稿）》第九条规定，国务院财政部门应当围绕国家经济和社会发展目标，会同国务院有关部门制定政府采购政策和政府采购产品清单，通过优先或强制采购等措施，支持自主创新产品。

❹ PALMER D. US to Press China on Indigenous Innovation［J/OL］. Reuters News，［2011-05-22］. http：//www.reuters.com/article/2010/05/12/usa-china-trade-idUSWAT01446320100512. WANG Y. US Firms Mixed on Biz Environment［J/OL］. China Daily，［2010-08-18］. http：//www.chinadaily.com.cn/usa/2010-08/18/content_11171376.htm.

❺ 刘刚，张天国. 温家宝表示在华外资企业均享受国民待遇 [N/OL].［2010-09-14］. http：//news.xinhuanet.com/fortune/2010/09/14/c_12549364.htm.

尽管如此，美中贸易全国委员会依然认为，中国政府优先采购国内自主创新产品的做法不是中国实现促进创新与强化创新能力目标的最佳途径，建议中国采用强有力的知识产权保护和非歧视性税收激励政策、研发支持等全球普遍做法，而非采用优先采购特定创新产品的做法。❶同时，美中贸易全国委员会希望中国尽快完成加入WTO《政府采购协议》的进程，从而使美国企业得以进入中国的政府采购市场。❷

与自主创新密切联系的一个重要概念是自主知识产权。理解自主知识产权首先要明确自主的主体，即由谁自主。通常情况下，这里的"自主"仅指中国权利人的自主。关于自主知识产权的具体认定条件，在2009年10月科技部、发改委和财政部发布的《关于开展2009年国家自主创新产品认定工作的通知》❸以及2010年4月上述三部门发布公开征求意见的

---

❶ USCBC. US–China Trade Policy：Issues and Solutions. Testimony of the US‐China Business Council to the House Committee on Ways and Means[EB/OL].[2011-02-09]. http：//www.uschina.org/public/documents/2011/02/china_trade_policy.pdf.

❷ USCBC. China's Implementation of Its World Trade Organization Commitments：An Assessment by the US–China Business Council[EB/OL]. Testimony of John Frisbie（President of the US–China Business Council）of Trade Policy Staff Committee Hearing.［2010-10-06］. http：//www.uschina.org/public/documents/2010/10/ wto_commitments_testimony.pdf.

❸ 科学技术部，国家发展和改革委员会，财政部《关于开展2009年国家自主创新产品认定工作的通知》，2009年10月30日以国科发计〔2009〕618号发布。该通知附有2009年9月科学技术部国家科技评估中心编制的《国家自主创新产品申报说明（2009年度）》，在认定条件部分对《国家自主创新产品认定管理办法（试行）》中的原则性规定进行了细化，规定申请国家自主创新产品认定的单位必须是具有一定研究开发能力的产品生产单位。产品具有自主知识产权是指，申请单位经过其主导的技术创新活动，在我国依法拥有知识产权的所有权，或依法通过受让取得的中国企业、事业单位或公民在我国依法拥有知识产权的所有权或使用权。同时，申报单位对知识产权使用、处置、二次开发不受境外他人的限制。产品具有自主品牌，即申请单位拥有该产品注册商标的所有权。产品销售使用的商标初始注册地应为中国境内，且不受境外相关产品品牌的制约。

《关于开展 2010 年国家自主创新产品认定工作的通知（征求意见稿）》❶ 中都做了规定。

对比两份文件中自主知识产权的认定条件，可以发现，2010 年的规定较 2009 年放宽了标准。根据 2010 年的规定，只需申请单位在无争议或纠纷的条件下在我国拥有某一项知识产权或其许可使用权，即具备了申请自主知识产权的资格。同样，对于自主品牌也只要求申请单位具有我国的注册商标专用权或使用权。2010 年规定中删除了 2009 年规定中对"申报单位对知识产权使用、处置、二次开发不受境外他人的限制"的要求，使得在华外资企业不再因受到境外母公司控制而失去申请自主知识产权的资格。尽管 2010 年规定作出了让步，有关自主知识产权的认定标准，以及政府采购政策中向自主创新产品提供价格和其他方面的优先考虑是否造成对外资企业的歧视性或不公正对待，依然是当时跨国公司的争论焦点。❷

除此之外，自主创新政策同样面临着外交上的压力。2010 年和 2011 年连续两轮中美战略经济对话都涉及中国创新政策。2010 年 11 月，美国国际贸易委员会正式启动对中国知识产权侵权和自主创新政策的"332 调查"，并于 2011 年 5 月，向美国参议院提交了《中国的知识产权侵权和自主创新政策对美国经济影响》的报告。❸ 该报告认为，中国已构建一个自

---

❶ 该文件规定：在中国境内具有中国法人资格的产品生产单位，均可自愿申请国家自主创新产品认定。其中对自主知识产权的认定条件包括，申请单位通过技术创新或通过受让，对所研究开发的产品依法在我国享有知识产权或知识产权许可使用，且无争议或者纠纷。申请单位依法在我国拥有产品的注册商标专用权或使用权。

❷ 美中贸易全国委员会 . 关于《开展 2010 年国家自主创新产品认定工作的通知（征求意见稿）》修改建议书 [EB/OL]. [2010-05-10]. http：//www.uschina.org/public/documents/2010/05/uscbc_most_circular_comments_ch.pdf.

❸ United States International Trade Commission. China：Effects of Intellectual Property Infringement and Indigenous Innovation Policies on the U.S. Economy [R/OL]. Investigation No. 332-519，USITC Publication 4226，May 2011. https：//www.usitc.gov/publications/332/pub4199.pdf.

主创新政策网络，这些政策尚未给予国外竞争者国民待遇，对外商直接投资和向中国出口形成了障碍。美中贸易全国委员会则认为，在政府采购规定之外制定产品目录容易造成对企业的歧视性对待，应明确规定任何产品目录或创新产品清单不予政府优先采购，将政府优先采购自主创新产品的内容从所有相关政策中删除。❶

到 2011 年夏，自主创新政策发生了巨大的变动。2011 年 6 月和 7 月，财政部、科学技术部、国家发展改革委先后发布通知，停止执行《国家自主创新产品认定管理办法（试行）》等四部部门规章❷。同年 11 月，国务院办公厅发布通知，要求停止执行地方各级人民政府和有关部门规范性文件中创新政策与提供政府采购优惠挂钩中的措施。这一系列变动，事实上割裂了自主创新与政府采购在政策上的关联性。2012 年 3 月，中国欧盟商会对工信部发布的《2012 年度党政机关公务用车选用车型目录（征求意见稿）》提出反对，其理由即为该目录与财政部停止执行政府优先采购自主创新品牌的政策相悖。

然而，现实中政府采购作为宏观政策性工具，可以实现对本国新兴支柱行业的扶持。国外学者的实证研究已经证明：一方面，政府采购减少了创新的风险，稳定的需求关系会刺激创新❸；另一方面，在较长的时间内，政府采购对创新的刺激效果比直接对科技研发提供补贴更为有效❹。这或许也从另一个侧面说明，正是因为政府采购对鼓励创新的积极作用，导致跨国公司对我国颁布的相关政策格外"上心"。

2016 年 3 月，十二届全国人大四次会议通过《国民经济和社会发展

---

❶ USCBC. The US-China Business Council Comments on Draft Administrative Measures for the Government Procurement of Domestic Products[EB/OL]. [2010-10-06]. https: //www. uschina.org/public/documents/2010/06/procurement_domestic_ english.pdf.

❷ 另外三部是《自主创新产品政府采购预算管理办法》《自主创新产品政府采购预算评审办法》《自主创新产品政府采购合同管理办法》。

❸ Robert Dalpé. Effects of Government Procurement on Industrial Innovation[J]. Technology in Society，1994，16（1）：65-83.

❹ EDLER J，GEORGHIOU L. Public Procurement and Innovation——Resurrecting the Demand Side[J]. Research Policy，2007，36（7）：949-963.

第十三个五年规划纲要（2016—2020 年）》（以下简称"'十三五'规划纲要"）。在"十三五"规划纲要中，促进创新仍然是政府的首要任务，其重要性通过对比"十三五"规划纲要和《国民经济和社会发展第十二个五年规划纲要（2011—2015 年）》（以下简称"'十二五'规划纲要"）中创新词语的出现频率便可见一斑。"十二五"规划纲要中，没有"创造力"这一表达，"创新"一词出现了 120 余次，"自主创新"出现 4 次。"十三五"规划纲要中，"创造力"出现了 5 次，"创新"出现 200 余次，"自主创新"出现 5 次（表 1-1）。

表 1-1 "自主创新"在"十三五"和"十二五"规划纲要中的具体表达

"十三五"规划纲要	"十二五"规划纲要
第三章 主要目标："**自主创新**能力全面增强，迈进创新型国家和人才强国行列"	第二章 指导思想："增强**自主创新**能力，壮大创新人才队伍"
第六章 强化科技创新引领作用："着力增强**自主创新**能力，为经济社会发展提供持久动力"	第十八章 实施区域发展总体战略：积极支持东部地区率先发展"在转变经济发展方式、调整经济结构和**自主创新**中走在全国前列"
第六章 强化科技创新引领作用："充分发挥高校和科研院所密集的中心城市、国家**自主创新**示范区、国家高新技术产业开发区作用"	第二十七章 增强科技创新能力："坚持**自主创新**、重点跨越、支撑发展、引领未来的方针"
第十一章 坚持和完善基本经济制度："培育一批具有**自主创新**能力和国际竞争力的国有骨干企业"	第二十七章 增强科技创新能力："发挥国家创新型城市、**自主创新**示范区、高新区的集聚辐射带动作用"
第二十章 提高农业技术装备和信息化水平："加强农业科技**自主创新**"	

在"十三五"规划纲要中，不仅"自主创新"出现的次数有所增加，同时在语义表达上更加强调"自主创新能力"的培养和增强。这也表明，虽然跨国公司和外国政府对中国的自主创新政策有抵触，2012 年后，"自

主创新"一词也不再像此前那样受国内政府官员青睐，但是中国政府推动自主创新的决心并未减弱。

四、如何正面利用跨国公司的影响

跨国公司因其强大的经济和人脉资源，与国内各级行政和司法机构已经建立起密切的利益表达渠道，同时利用专业知识的优势，在诸多具体事务处理中充当政府决策的智库。正面利用跨国公司及其组织对中国知识产权立法的影响显得格外重要。建议对以下四个方面加以重视。

第一，坚持公开透明原则。跨国公司及其组织与国内立法、行政、司法高层的交流互动，可以促进国内政策制定与国际接轨，更加开放包容。但同时也可能引起国内企业特别是中小企业对于跨国公司影响立法或执法进行，甚至享受"超国民待遇"的担忧。因此，对相关会晤及其商讨的事项应当坚持公开透明。同时，在组织座谈会、见面会时，有可能的条件下，安排国内同行业、同类型企业代表参加，尽可能减少不必要的猜测。

第二，采用利益关联方回避制度。跨国公司及其组织和国内高校共同设立研究机构和教席，与公共机构合作组织研究课题，此类合作中通常涉及经费支持或资金投入，因此，在涉及该跨国公司及其组织的政策制定或行政决策中，得到资助的相关机构应当作为利益关联方进行回避，避免原本应该处于中立地位的机构被质疑成为某些组织的"代言人"。

第三，提高相关研究的公共资金支持力度。对于立法和政策制定等涉及公共利益或对行业发展产生影响的研究，扩大公共资金支持覆盖面，提高支持力度，避免或减少相关研究对国外资金的依赖。

第四，扶持和鼓励国内行业协会发展。国家竞争优势往往是通过产业集群体现出来，通过鼓励和扶持国内行业协会发展，搭建企业、政府与国际市场之间的桥梁，帮助国内企业提高应对国际贸易壁垒的意识和能力，增强国内企业在国际经济领域的话语权。

第三节　知识产权替代性纠纷解决机制 *

WIPO 仲裁与调解中心是一个中立的、国际性的和非营利的纠纷解决机构，提供多种替代性纠纷解决（Alternative Dispute Resolution，ADR）方案，包括调解、仲裁、快速仲裁和专家裁决，帮助当事人在法院之外解决国内及跨境知识产权与技术纠纷。

一、替代性纠纷解决的优势

第一，程序简化。替代性纠纷解决程序经过双方同意后，可以在单一程序中解决涉及多个国家的知识产权纠纷，从而避免多地诉讼的费用、程序复杂以及结果不一致的风险。

第二，当事人自治。相较于法院诉讼，替代性纠纷解决程序使双方有机会对解决纠纷的方式进行更多控制。与诉讼不同，当事双方可以为解决纠纷选择最合适的裁判者，还可以选择适用的法律、纠纷解决的地点和使用的语言。

第三，程序中立。替代性纠纷解决程序对双方当事人的法律、语言和文化保持中立。对于来自不同司法管辖区的当事人而言，可以避免任何一方可能在法庭诉讼中享有的本土优势，避免一方因熟悉适用法律和当地流程所带来的优势。

第四，保密性强。替代性纠纷解决程序是私人性的，经双方同意可以保证程序和结果均不对外公开。这使得当事人能够专注于纠纷解决，而不用担心公众影响，在涉及商业声誉和商业秘密的纠纷中，保密性尤为重要。

---

* 本节由笔者与张虹颖合作完成，在此表示感谢！

第五，终局裁决。法院裁决通常可以通过一轮或多轮诉讼进行挑战，替代性纠纷解决方案的裁决通常具有终局约束力，很难被改变。

第六，可执行性好。根据 1958 年《联合国承认和执行外国仲裁裁决公约》（又称《纽约公约》）的规定，通常情况下，各国国内法院都会承认仲裁裁决。这使得替代性纠纷解决机制的裁决可以跨境执行，而法院判决通常只能在作出判决的司法管辖区内执行。

需要注意的是，在某些情况下，法院诉讼优于替代性纠纷解决程序。例如，在侵权纠纷中，当事一方不愿意合作，就很难在适用替代性纠纷解决程序问题上协商一致。此外，对于谋求建立司法先例而不是仅限于当事人之间关系的裁决，法院判决将更可取。对于当事人而言，需要了解不同争议解决方案，以便选择最合适自己需求的程序。

二、WIPO 仲裁与调解中心

WIPO 仲裁与调解中心于 1994 年成立，是 WIPO 的一部分，机构设在瑞士日内瓦，2010 年起在新加坡设有办事处。该中心建立的目的是为当事人之间的国际商业纠纷提供替代性纠纷解决方案。该中心提供调解、仲裁、快速仲裁和专家裁决程序，适用于涉及知识产权的技术、娱乐和其他纠纷。目前处理的纠纷主要包括合同纠纷（如专利和软件许可、商标共存协议、药品分销协议和研发协议）和非合同纠纷（如专利侵权）。此外，WIPO 仲裁与调解中心根据其制定的《统一域名争议解决政策》（UDRP）提供互联网域名争议解决机制，目前已处理了 4 万多起争议。

针对具体案件，WIPO 仲裁与调解中心会协助当事人从中心的数据库中挑选调解员、仲裁员和专家，目前中心数据库有 1500 多名具有相关资质的中立人。中心在选择中立人时，主要考虑的因素包括法律或技术资格、知识产权法或技术及业务领域的专业经验、纠纷解决的专业经验、所发表的作品以及相关专业会员资格。在个别情况下，中心还将根据需要在全球选择具有所需背景的其他候选人。

在选择和任命中立人时，WIPO 仲裁与调解中心将根据争议解决的具体方案（即调解、仲裁和专家裁决）、适用的法律、当事人的国籍和身份、知识产权法领域，技术或业务领域、使用的语言、争议解决的地点等多项因素向当事人提供合适人选的详细资料。鉴于中立人和 WIPO 仲裁与调解中心需要保持其公正性和独立性，WIPO 仲裁与调解中心需要向双方提送资料，不会仅向一方提出单方面建议。同时，中立人被任命后，仍与 WIPO 仲裁与调解中心保持联系，以确保纠纷解决程序顺利开展。

三、可供选择的替代性纠纷解决方式

（一）调解

调解是由一名中立的中间人，即调解员，协助当事人达成双方都满意的结果的纠纷解决办法。所达成的和解被记录在具有执行力的合同中。调解是一个非正式且灵活的过程，掌握在当事人和调解人手中。当事人可以对调解方式进行约定，如果当事人没有达成协议，调解员应当按照 WIPO 调解规则确定调解方式。

调解主要具有以下三方面的特点：第一，调解对当事人而言，是非约束性的程序。即使双方当事人同意将纠纷提交给 WIPO 仲裁与调解中心调解，如果其中任一方发现继续调解过程不符合其利益需求，可以随时放弃调解程序。另外，当事人不能被强迫接受调解结果。与仲裁员或法官不同，调解人不是决策者，调解人的作用是协助当事双方达成和解。第二，调解是保密程序。在调解中，双方不能被迫披露他们倾向于保密的信息。如果为了促进纠纷解决，一方选择披露机密信息，根据 WIPO 调解规则，该信息不能在调解范围之外提供给任何人，包括在随后的法庭诉讼或仲裁中。同时，调解过程和结果也是保密的。第三，调解是以利益为基础的程序。在法庭诉讼或仲裁中，案件结果由纠纷的事实和所适用的法律决定。在调解中，当事人则以其商业利益为导向进行对话，这种交流往往会带来意想不到的结果，如加强双方的关系。对当事人而言，即使没有达成和解，调解程序也没有失败，因为通过调解，当事双方确定了纠纷的事实

和存在的问题，为后续的仲裁或诉讼做好了准备。

对于在涉及知识产权利用的合同或关系中，通常情况下，当事人在发生争议时仍具有继续合作的共同目标。常见例子包括专利、专有技术和商标的许可、特许经营、研发合同、技术敏感的雇用合同、知识产权占重要地位的并购、体育营销协议以及出版、音乐和电影合同等。调解程序对于维护双方关系，重视保密性，寻求对纠纷解决过程加以控制，同时希望在不损害声誉的情况下迅速达成和解的当事双方来说，是一个有吸引力的选择方案。

（二）仲裁

仲裁是当事人通过协议，把争议提交给一名或多名仲裁员，由仲裁员作出具有约束力裁决的程序。快速仲裁是一种在较短时间内、以较低成本进行的仲裁形式，由 WIPO 仲裁与调解中心任命独任仲裁员，在仲裁程序启动 6 周内发布最终裁决。

仲裁主要具有以下五方面的特点：第一，仲裁需要协商一致，只能在双方都同意的情况下进行。对于未来可能发生的纠纷，当事人可以在合同中加入仲裁条款；对于已经存在的纠纷，当事人则需要提交仲裁协议。与调解不同，当事一方不能单方面退出仲裁。第二，由当事人选择仲裁员。根据 WIPO 仲裁规则，双方可以共同选择一名独任仲裁员。如果选择设立三人仲裁庭，则双方各指定一名仲裁员，再由指定的两名仲裁员共同指定首席仲裁员，也可以由中心建议具有相关专业知识的仲裁员或直接任命仲裁庭成员。第三，仲裁是中立的。除了选择具有适当国籍的中立人之外，双方还可以选择仲裁的适用法律、语言和地点等重要内容，以确保没有一方享有主场优势。第四，仲裁是保密的。在仲裁过程中披露的信息以及裁决均具有保密性。在某些情况下，对提交给仲裁庭的商业秘密或其他保密信息，根据 WIPO 仲裁规则允许一方限制对方及他人的访问。第五，仲裁庭的裁决是最终的，并且是可执行的。根据 WIPO 仲裁规则，双方同意将争议交由仲裁庭并最终服从并执行仲裁庭的决定。国际仲裁裁决由各国法院根据《纽约公约》执行，超过 140 个国家是《纽约公约》的缔约国，该公约只允许在非常有限的情况下可以将裁决搁置一旁。

知识产权纠纷存在一些特殊性，相较于法院诉讼，仲裁可以更好地解决纠纷，特别是当纠纷涉及不同司法管辖区的当事人时。首先，针对跨国知识产权纠纷，法院诉讼涉及不同的司法管辖，适用不同的法律，多重诉讼可能导致诉讼结果不一致甚至互相冲突，在本国进行诉讼的当事人则可能占据主场优势。而仲裁具有中立性，当事人可以选择仲裁程序和仲裁员国籍，选择适用的法律、语言和仲裁地。其次，知识产权纠纷中很多都涉及技术或其他专业领域，法院诉讼中法官可能没有相关的专业知识，仲裁程序中当事人可以选择具有相关专业知识和行业经验的仲裁员。再次，知识产权纠纷中常常涉及当事人的商业秘密和技术秘密，也可能对其商誉或声誉造成影响，法院诉讼程序要求公开透明，而仲裁程序的过程和裁决则是保密的，能够更好地维护当事人相关权益。最后，知识产权作为企业的核心资产，是市场竞争中的撒手锏，当事人常常迫切需要获得确定性的结果。法院诉讼过程往往旷日持久，拿到诉讼结果后，还可能进行上诉。仲裁程序中，仲裁员可以根据当事人的要求缩短程序，同时，仲裁裁决通常具有终局性。需要特别注意的是，由于仲裁具有协商性，仲裁所作的任何裁决只对有关双方具有约束力，对第三方不具有约束力。

（三）专家裁决

专家裁决是一种将当事双方之间的争端或分歧通过双方协议提交给一位（或多位）专家，由专家就所涉及的问题作出裁决的程序。除非双方另有约定，裁决结果具有约束力。

专家裁决主要具有以下六方面的特点：第一，专家裁决是协商一致的。根据 WIPO 专家裁决规则，专家裁决只能在双方同意的情况下进行。对未来可能产生的争议或分歧，双方可以在相关合同中加入专家裁决条款；对现有争议或分歧，可以通过双方协议决定提交给专家裁决。与调解不同，当事一方不能单方面退出专家裁决。第二，由当事人选择相关专业领域的专家。当事人可以共同选择一位专家，如双方对专家人选或任命专家的程序尚未达成一致意见，则由 WIPO 仲裁与调解中心与各方协商后任命专家。第三，专家裁决程序是中立的。除了对专家具有选择权外，双方还能选择诸如专家裁决的语言、纠纷解决地点等重要事项。第四，专家裁决程序是保密的。除明确规定的例外情况外，WIPO 专家裁决规则特别保护专家裁决的保密性，在该程序中披露的任何信息以及由此产生的裁决均要求保密。第五，专家裁决是有约束力的，除非双方另有协议。原则上，专家裁决具有约束力，在各方之间具有合同效力。或者，通过当事人协议，该裁定可以仅对双方有建议作用。第六，专家裁决程序具有灵活性。与仲裁相比，专家裁决能够以更加快速和灵活的方式进行。另外，专家裁决可以独立使用，也可以与仲裁、调解或法庭诉讼相结合使用。

对于知识产权纠纷而言，专家裁决适用于需要确定专业知识，确定科学、技术和商业性问题的领域，尤其是以下事项，包括知识产权资产评估、专利许可使用费确定、专利权利要求解释和许可证所涵盖的权利范围的确认等。

四、处理纠纷的基本情况

2009 年至 2017 年，WIPO 仲裁与调解中心采用调解、仲裁和专家裁决等替代性纠纷解决机制大约处理了 560 个案件，其中大多数案件都是 2014 年之后提起的。

案件纠纷主要分为五类，其中，专利纠纷占 28%，涉及交叉许可、侵权、许可、所有权、专利池、研发和技术转让、支付使用费；信息通信技术（ICT）纠纷占 25%，涉及手机应用、业务外包、系统集成、软件开发、软件许可和电信业；商业纠纷占 21%，涉及分销、能源产业、连锁经营、市场营销和体育产业；商标纠纷占 17%，涉及共存、侵权、许可、异议和撤销；版权纠纷占 9%，涉及艺术、广播、娱乐、电影和媒体、侵权、电视节目模式。

目前，WIPO 替代性纠纷解决机制处理的案件金额从 1.5 万美金到 10

亿美金不等。在仲裁程序中，当事人要求的补救措施包括损害赔偿、侵权声明和履行合同。例如，声明不履行合同义务或侵犯权利；进一步确保证据的保密性；提供担保；货物交付和签订新合同等。采用调解程序的，有70%达成和解；采用仲裁程序的，有40%达成和解。WIPO替代性纠纷解决机制常见的纠纷解决地包括法国、德国、爱尔兰、意大利、荷兰、新加坡、西班牙、瑞士、英国和美国，常用语言包括中文、英文、法文、德文、意大利文、韩文、葡萄牙文和西班牙文。

同时，WIPO仲裁与调解中心已经与成员国的知识产权局等机构展开合作，提高对替代性纠纷解决方案的宣传，以帮助解决知识产权和技术争议。在中国，与国家知识产权局合作，促进中国工业产权纠纷适用替代性纠纷解决方案。在美国，与专利商标局的商标审判和上诉委员会（TTAB）和专利审判和上诉委员会（PTAB）合作，鼓励将替代性纠纷解决作为解决商标或专利程序问题的选择。同时，WIPO仲裁与调解中心也是上述两家机构列出的纠纷解决服务提供商之一。WIPO仲裁与调解中心还与美国专利商标局协作，推动在美国使用知识产权替代纠纷解决方案。在韩国，与文化、体育和旅游部（MCST）、知识产权局（KIPO）和司法部合作，推动在韩国的版权、工业产业和知识产权纠纷中采用替代性纠纷解决方案。

第二章 新兴产业的知识产权保护机制探索

本章重点探讨新兴产业的知识产权保护机制，包括从技术、产业和法律三个维度对大数据产业的知识产权风险展开分析，并提出相应的保护机制；对智能金融产业中人工智能技术的专利布局展开分析，并对全球竞争态势作出研判；针对低碳技术的技术转移和专利许可的特点，提出构建粤港澳大湾区绿色专利池的构想；以及针对基因科技产业高投入、高风险和面临伦理冲突的特点，探讨基因专利面临的挑战及其应对策略。

第一节 大数据产业：知识产权风险与保护机制

发展大数据产业必须加强知识产权保护的顶层设计和制度安排。本节从技术、产业和法律三个维度对大数据产业的知识产权保护展开研究。首先，从技术进步维度，对数据采集、存储和分析挖掘等数据处理环节进行分析，厘清大数据技术引发的知识产权风险。其次，从产业发展维度，对大数据在零售业、物流业和健康医疗行业的应用进行分析，指明新业态下可能遇到的挑战与相应的知识产权保护机制。最后，从法律演进维度，对大数据引发的新的权利类型的诉求作出回应，提出将数据信息纳入知识产权客体范畴的具体路径，以及如何在侵权责任法和网络安全法框架内实现被遗忘权的效果。

一、大数据技术引发的知识产权风险

以数据处理过程为轴，对数据采集、存储和分析挖掘等环节进行分析，指出大数据技术所面临的知识产权风险。

（一）数据采集网络爬虫引发著作权侵权风险

互联网大数据采集主要通过网络爬虫。作为搜索引擎的基础构建之一，网络爬虫直接面向互联网，它是搜索引擎的数据来源，决定着整个系统的内容是否丰富、信息能否得到及时更新，其性能表现直接影响整个搜索引擎的效果。[1] 通常情况下，网站都会设置网络爬虫排除标准，又称Robots 协议，以告知搜索引擎哪些页面可以抓取，哪些页面不能抓取。网络爬虫则采取反监控策略模拟正常操作行为，实现不间断抓取数据。因此，反监控策略存在违背被访问网站意志抓取数据的可能，即此类抓取行为存在著作权侵权风险。

针对是否侵犯网站权利人的著作权或信息网络传播权，有两点值得关注。第一，被抓取的网页是否具有独创性，是否属于著作权法保护的客体。通常来说，网页版式的著作权由互联网公司所有，网页刊载的内容则可能属于其他著作权人。第二，如果被爬虫抓取的内容具有独创性，则需要进一步分析是否存在对著作权的限制。搜索引擎通常通过爬虫抓取到相关内容后，会以网页摘要、网页快照、缩略图、搜索链接等形式向用户呈现搜索结果。[2] 网页摘要有字数限制，不会对完整的网页内容形成替代，通常不会影响对网页的正常访问，因此不会侵害著作权。网页快照和缩略图是自动存储在搜索引擎服务器中的历史网页，用户可以直接从搜索引擎服务器中获取，在可以实质性替代网页内容时，构成侵犯作品的信息网络

---

[1] 周德懋，李舟军. 高性能网络爬虫：研究综述 [J]. 计算机科学，2009（8）：26.

[2] 杨华权. 搜索条目的著作权侵权风险分析——基于 robots.txt 的讨论 [J]. 中国版权，2015（2）：45–51.

传播权。对于搜索链接，根据我国司法实践中通行的服务器标准，提供搜索链接并不构成信息网络传播权中的"提供"行为，因此不构成侵权。

（二）云计算数据存储面临复制权侵权风险

云计算平台是数据存储、分析与服务平台。在云计算中，缓存是一个高速数据存储层，通常短暂性存储了数据子集，缓存的主要目的是减少对底层速度较慢的存储层的访问需求，以此来提高数据检索性能。云计算平台的数据存储服务，特别是内容副本或内容缓存面临著作权侵权风险。

美国 Cablevision 案对云端服务提供者的著作权责任进行了界定。2006年3月，有线电视供应商 Cablevision 公司推出"远程存储数字视频录像机"（RS-DVR），用户可以通过该系统对选定节目进行录制和回放。这些由用户录制和回放的视频节目都保存在该公司的计算机中，但属于"顾客的硬盘存储空间"。节目版权方因此起诉 Cablevision 公司侵犯其作品的复制权和公开表演权。值得注意的是，为了实施数字视频录制服务，Cablevision 将单一数据流分解成了两条数据流，第一条数据流实时发送给订阅用户，而第二条数据流则传输至 RS-DVR 的第一缓冲区。在该缓冲区中，第二条数据流持续 1.2 秒，以让 Cablevision 的计算机系统判断是否需要录制该视频节目。如果计算机系统收到了订阅用户发出的视频节目录制请求，则将第二条数据流传输至第二缓冲区，并随后复制到订阅用户的硬盘存储空间。

针对服务器缓存区存储侵犯复制权的指控，一审美国纽约南区联邦地区法院认为，被告通过缓存存取原告节目的信息流构成未经授权的复制行为。被告上诉后，美国联邦第二巡回上诉法院认为，尽管被告服务器缓存中确实呈现出原告的作品，但是持续时间非常短，因此并不符合美国《版权法》中对侵犯复制权的规定。❶

---

❶ MARC M. Cartoon Network LP, LLLP v. CSC Holdings, Inc.[J]. New York Law School Law Review, 2009, 54（10）：585-600.

Cablevision 案对云端服务提供者的著作权侵权判定具有借鉴价值。美国巡回上诉法院认为，载入数据可能导致但并不必然会导致复制作品，是否构成侵权还需要考虑时间因素，不过法院没有规定将 1.2 秒作为类似案件判断时间因素的基准。

（三）未经授权获取用户数据构成不正当竞争

社交网络、网盘、位置服务等新型信息发布方式使得数据从简单的信息开始转变为一种资源，关系到个人信息保护和网络安全。网络运营者是网络建设与运行的关键参与者，在保障网络安全中具有优势和基础性作用。网络运营者应当遵循合法、正当、必要的原则，尽到其管理义务。第三方应用开发者作为网络建设与运行的重要参与者，在收集、使用个人信息时，应当遵循诚实信用原则及公认的商业道德，取得用户同意并经网络运营者授权后合法获取、使用信息。

新浪微博诉脉脉交友软件不正当竞争纠纷案［北京知识产权法院，（2016）京 73 民终 588 号］是数据产业反不正当竞争的典型案例。涉案的脉脉软件是一款基于移动端的人脉社交应用，通过分析用户的新浪微博和通讯录数据，帮助发现新朋友。原告北京微梦创科网络技术有限公司是新浪微博的经营人，被告北京淘友技术有限公司、北京淘友科技发展有限公司共同经营脉脉软件及脉脉网站。原被告曾签订《开发者协议》并通过微博平台 Open API 进行合作。根据该协议，被告仅为普通用户，可以获得新浪微博用户的 ID 头像、好友关系、标签、性别，但无法获得用户的职业和教育信息。被告违反该协议，将大量未注册为脉脉用户的新浪微博用户的相关信息展示在脉脉软件中，且原被告双方合作终止后，被告仍继续上述行为。

该案经北京市海淀区法院和北京知识产权法院两审，2016 年 12 月作出终审判决。法院经审理认为：第一，被告获取新浪微博信息的行为存在主观过错，违背了在 Open API 开发合作模式中，第三方通过 Open API 获取用户信息时应坚持"用户授权"＋"平台授权"＋"用户授权"的三重授权原则，违反了诚实信用原则和互联网中的商业道德，因此被告获取并利用新浪微博用户信息的行为不具有正当性。第二，被告未经新浪微博用户的同意及新浪微博的授权，获取、使用脉脉用户手机通讯录中非脉脉用户联系人与新浪微博用户对应关系的行为，违反了诚实信用原则及公认的商业道德，破坏了 Open API 的运行规则，损害了互联网行业合理有序公平的市场竞争秩序，一定程度上损害了原告的竞争优势及商业资源，因此，被告展示对应关系的行为构成不正当竞争行为。

（四）大数据分析带来个人隐私权侵权风险

目前大数据的几个主要来源分别是传感器数据、网站点击流数据、移动设备数据和射频 ID 数据。[1] 随着数据生成的自动化以及数据生成速度的加快，处理的数据量急剧膨胀。同时，各个数据并不是孤立静态的，而是相互联系的，即使数据经过去标签处理，在海量数据的背景下，基于数据的行为分析、关系分析，还是能识别出特定用户的状态和行为模式，甚至能准确定位出特定的个体。因此，基于大数据理念的数据分析可以从海量类型多样、快速增长的数据中，找出隐藏模式和未知关系，导致用户的身份信息、位置信息、链接关系等个人隐私面临被泄露的危险。

就目前互联网和移动客户端企业提供的隐私政策而言，并不足以有效保护用户隐私，在实际操作中，更加缺乏监管，只能依靠企业的自律。首先，用户没有与企业协商制定隐私条款的机会。目前通行的做法是，用户注册或者使用网站或移动客户端即视为接受其既定隐私政策。如腾讯网在其《隐私政策》中声明，"您使用或继续使用我们的服务，即意味着同意我们按照本《隐私政策》收集、使用、储存和分享您的相关信息"。淘宝网在其《法律声明及隐私权政策》中声明，"一旦您开始使用淘宝网各项产品或服务，即表示您已充分理解并同意本政策"。这就意味着，平台的隐私政策已经与平台的服务捆绑在一起。

---

[1] 覃雄派，王会举，杜小勇，等. 大数据分析——RDBMS 与 MapReduce 的竞争与共生 [J]. 软件学报，2012（01）：33.

其次，就数据的授权范围而言，用户只被告知哪些数据可能被收集，而对数据的分析和使用是一个笼统授权，对如何使用收集到的信息的界定非常模糊。如腾讯网告知用户，除了用于直接提供服务之外，所收集的用户注册信息、日志信息和位置信息会被用于设计新服务和改善现有服务。百度网通过《隐私权保护声明》告知用户，收集到的信息将用于"提供和改进产品和服务"，而且这些信息不仅用于百度自身的产业和服务，还包括百度的关联公司、合作伙伴及第三方供应商、服务商及代理商。对于服务的内容、可能涉及除平台外的其他公司及如何使用用户信息并无说明。

最后，目前各企业的隐私政策对数据生命周期及何时销毁数据都缺乏规定。当平台停止运营或用户不再使用该平台时，留存的大量用户信息面临缺乏监管的困境，用户的隐私权将更难获得保障。事实上，目前互联网和移动客户端等平台的用户，既无法决定自己的信息被以何种形式使用，也不能决定这些信息何时被销毁。

二、大数据产业发展与知识产权保护

以产业发展为轴，对大数据在零售业、物流业和健康医疗行业的应用进行分析，指出新业态下可能遇到挑战与相应的知识产权保护机制。

（一）电子商务和零售行业：数据库保护

随着电子商务的发展，销售数据库成为企业深入了解客户需求信息和购物行为特征的重要信息来源。数据挖掘与决策支持在零售行业中的应用，为企业降低运营成本、最大限度地满足消费者需求提供了新的契机。销售数据库的开发和制作需要付出大量劳动，然而，数据库的复制成本极低，制作者的劳动成果容易遭受侵害。因此，大数据在零售行业应用中最棘手的知识产权问题是如何保护企业的销售数据库。

根据《著作权法》的规定，汇编若干作品、作品的片段或者不构成作品的数据或者其他材料，对其内容的选择或者编排体现独创性的作品，为汇编作品，其著作权由汇编人享有。数据库作为一种重要的智力劳动成果，被涵盖在汇编作品之中。需要注意的是，《著作权法》所保护的数据库必须在其内容选择或编排上体现出独创性，独创性是数据库成为著作权客体的必备条件。与之相反，基于大数据理念构建的数据库更倾向于重视数据的量，甚至是数据的"混杂性"❶，而非对数据的选择或编排。由于《著作权法》的价值取向与大数据理念之间的差异，对于尽可能地求取"所有数据"的数据库则很难满足独创性的要求而成为《著作权法》保护的客体。

为了解决上述问题，有学者提出将独创性的判断标准确定为，大数据的获取、选择、编排是由汇编者独立完成，而非运用既定规则或规律的计算方法完成，甚至抄袭完成，且汇编者进行了主观上的衡量、判断，有体现作者发挥聪明才智的空间，达到一定水准的智力创造高度。❷这一主张旨在降低数据库作为汇编作品时对独创性的要求。

同时，著作权只保护汇编作品结构，不保护汇编作品内容的做法，也导致对数据库制作者的保护力度过于薄弱。对于数据库的使用者来说，内容的使用价值往往要大于结构的使用价值，而数据库制作者在材料收集上的投入也可能要远远超过在选择和编排上的投入。实践上需要采取其他法律来保护数据库内容方面的利益，如适用合同法、商业秘密法、反不正当竞争法，甚至民法关于财产权的一般规定。❸

（二）物流行业：商业秘密保护与数据垄断规制

物流企业时刻都会产生大量数据，一方面，海量数据导致数据的同步传递和及时处理的难度加大；另一方面，数据也成为物流企业最宝贵的资

---

❶ 维克托·迈尔·舍恩伯格，肯尼思·库克耶. 大数据时代 [M].盛杨燕，周涛，译. 杭州：浙江人民出版社，2013：30.

❷ 彭敏."大数据"时代的知识产权法保护 [J].传播与版权，2016（6）：178-180.

❸ 任自力，曹文泽. 著作权法：原理·规则·案例 [M].北京：清华大学出版社，2006：19.

源，不仅为改善物流环节提供依据，还对了解市场竞争格局和消费者分布非常重要。可以说，物流企业在大数据和人工智能的背景下，同时也是数据企业。隶属于顺丰集团的顺丰科技有限公司，在其官网上就宣称"拥有20年以上的数据积累，连接60万企业与上亿人的物流信息"，可以"通过将公司内外部数据整合智能化，生产出帮助商家进行物流决策以及产品优化的产品"。数据对于物流行业的商业价值已经不言而喻。

大数据在物流行业应用遇到的第一个问题就是物流数据能否作为商业秘密加以保护。根据《反不正当竞争法》的规定，商业秘密是指不为公众所知悉、具有商业价值并经权利人采取相应保密措施的技术信息和经营信息，包括客户名单、货源情报等信息。对物流行业而言，能够将物流数据作为商业秘密加以保护的一个关键是，必须采取与其商业价值相匹配的保密措施，如通过签订保密协议对从业人员进行约束；建立企业内部规范的保密制度；对物流单据使用数字编码代替；对物流数据库进行加密处理等保密措施。此外，国外也有学者讨论数据的处理方法，即程序的源代码，是否更适合作为商业秘密而非软件著作权加以保护。其重要原因在于，与软件目标代码不同，大多数大数据产品均无法进行反向工程。例如谷歌公司网页排名的 PageRank 算法和高盛集团的高速交易算法均作为商业秘密加以保护。❶

2017 年 6 月，中国市值最大的快递物流企业"顺丰"和最大的物流及供应链平台"菜鸟"之间就数据接口产生争议，在国家邮政局的协调下，双方达成共识，恢复业务合作和数据传输。但是，由此也带来一个新的问题，即数据垄断。具体来说，因数据产生的垄断问题至少包括这样三类：第一，因数据占有造成的进入壁垒或扩张壁垒；第二，拥有海量数据形成市场支配地位，并滥用这种市场支配地位；第三，涉及数据方面的垄断协议，以及针对数据资产的并购。

---

❶ AICHAEL M. Disclosing Big Data[J]. Minnesota Law Review, 2014, 99（2）: 550–551.

（三）健康医疗行业：数据隐私监管

大数据在健康医疗行业的应用是业界最为看好的一个领域，较其他行业的数据，健康医疗行业的数据具有更强的个人隐私属性，因此健康医疗数据库的权利归属、管理运行模式和权限设置尤为重要。

如何安全、有效地采集、管理和使用健康医疗数据是每个国家都须面临的问题。2009 年，印度政府启动一项名为 Aadhaar 的生物识别数据库项目，旨在收集超过 10 亿人口的姓名、地址、手机号，以及对指纹、照片和虹膜扫描。从入学到就医和金融服务，Aadhaar 几乎渗透到印度人日常生活的每一个方面。但是，Aadhaar 项目的安全性却让人担忧。截至 2017 年 9 月，已经爆发多起个人隐私信息遭泄露和滥用的事件，包括 1.2 亿某电信公司用户的 Aadhaar 信息被泄露；政府门户网站披露出超过 1 亿人的银行账号和 Aadhaar 信息；黑客攻击政府的电子医院数据库以窃取 Aadhaar 项目机密。因此，印度最高法院决定举行听证，以审查 Aadhaar 项目是否违反印度宪法中的隐私权规定。❶ 发达国家的情况也并不乐观。根据《经济学人》最近的报道，美国几乎 1/4 的数据泄露都发生在健康医疗领域。同时，云端分析的病人数据越多，或是不同公司分享的病人数据越多，遭遇黑客袭击或被滥用的潜在威胁就越大。❷

健康医疗数据共享面临的难题就是数据隐私的监管，其中最为关键的是必须在数据共享的整个流程中保护参与者的隐私，建立统一的隐私和数据保护规范。目前数据共享至少存在两个瓶颈，其一是有关数据隐私的法律和伦理要求错位，这一点尤其体现在机构审查委员会（IRB）及研究伦

---

❶ NAMRATA K. The Privacy Battle Over the World's Largest Biometric Database[J/OL]. The Atlantic. [2017–09–05]. https://www.theatlantic.com/technology/archive/2017/09/aadhaar–worlds–largest–biometric–database/538845/.

❷ Data and medicine：A Revolution in Health Care is Coming[J/OL]. The Economist. [2018–02–01]. https://www.economist.com/news/leaders/21736138–welcome–doctor–you–revolution–health–care–coming.

理委员会（REC）中。上述机构的成员主要为生命伦理学和法律专业人士，隐私或信息安全方面的专家很少，因此更侧重伦理反思与均衡。这导致研究伦理委员会的要求往往比法律更加严格，因此难以达成一致并得到执行。其二是各地专业方法和专业术语的差异，导致不同的地域难以相互理解。❶

《"健康中国2030"规划纲要》中明确提出，推进健康医疗大数据应用，其中重要的内容就是"消除数据壁垒，建立跨部门跨领域密切配合、统一归口的健康医疗数据共享机制"，同时指出要"加强健康医疗数据安全保障和患者隐私保护"。结合2017年6月起施行的《中华人民共和国网络安全法》（以下简称《网络安全法》），该法第42条规定：未经被收集者同意，网络运营者不得向他人提供个人信息。但是，经过处理无法识别特定个人且不能复原的除外。根据上述规定，对于健康医疗行业的数据共享，在对数据进行技术处理并达到"无法识别特定个人且不能复原"之后，则可以进行相关数据和信息的共享。但是对于向境外提供相关数据的情况，仍需要进行相应的评估并可能受到一定的限制。

三、大数据知识产权保护的立法应对

对大数据引发的新的权利类型的诉求在法律层面作出回应，应考虑到如何适应产业发展的需求，还应考虑到如何与现有法律制度相匹配。

（一）是否将数据信息纳入知识产权客体？

1. 立法问题

在立法层面，立法者对是否将数据信息纳入知识产权客体的态度发生过转变。2016年7月《中华人民共和国民法总则（草案）》征求意见稿在第108条第2款第（八）项中，将数据信息纳入知识产权的客体范围，使之成为和作品、商标、专利、集成电路布图设计、植物新品种等知识产权客体中的一类。然而，同年10月《民法总则（草案）》第二次审议稿中，

---

❶ DOVE E S. Biobanks, Data Sharing, and The Drive for a Global Privacy Governance Framework[J]. Journal of Law Medicine & Ethics, 2015, 43（4）: 675–689.

数据信息就从知识产权客体中删除。2017 年 3 月 15 日颁布的《中华人民共和国民法总则》(简称《民法总则》)也并未再将数据信息纳入知识产权的客体范畴。2020 年 5 月 28 日由第十三届全国人大通过，并将于 2021 年 1 月 1 日起施行的《中华人民共和国民法典》(简称《民法典》)在第 123 条对知识产权的客体进行规定，保留了《民法总则》中的现有客体范围，未将其扩张到数据信息。

《民法总则》将数据信息从知识产权客体中删除的原因之一是担忧可能侵害个人权利。数据信息中包含可识别个人身份和行为的信息，如果将其纳入知识产权客体范畴，会出现数据采集者、数据开发者代替用户成为数据权利人的情况，从而可能导致用户的个人信息和隐私被网络服务提供者以知识产权加以控制。

学界对是否将数据信息纳入知识产权客体也存在争议。有学者认为，数据信息的本质属性是否为智慧成果，数据信息的内容是否具有财产价值和人身价值并不确定，因此，用知识产权保护数据信息在正当性、科学性和可操作性方面都存在疑问。也有学者认为，应当将数据信息纳入知识产权客体，这将对中国数据产业的发展产生巨大的推动力，同时对世界有关立法发挥引领性作用。

2. 应对建议

可将数据信息划分为两个层次：一是未经处理针对个体的数据信息，此类数据信息涉及个人的活动方式、活动空间、活动内容，与个人相联系，具有明显的身份特征，通过此类数据信息可以定位到个人。因此，应将此类数据信息纳入个人隐私权的保护范畴。二是经过处理后的数据信息，此类数据信息是通过大数据技术对采集的海量数据经过清洗、分析、挖掘等一系列的数据处理加工后得到的数据信息。

第二层次经过处理后的数据信息，已经不再具有原生数据的个人身份因素，同时经过分析、挖掘后得到的数据信息再经过结构性组合，形成了具有创造性的智力成果，可以纳入知识产权客体。将此类数据信息作为独立的知识产权客体加以保护，可以避免大数据产业在传统知识产权框架下面临的困境，如基于大数据理念构建的数据库因缺乏独创性不能享受著作权保护，或由于对数据信息是否具有商业价值难有定论而无法作为商业秘密保护。

（二）是否将被遗忘权引入中国法？

1. 立法问题

区别于纸张记录的信息，在电子介质或云端存储的数字化信息，除非人工干预，否则永远不会被遗忘，某些已经公开的数据信息已经过时，但却会给当事人带来不利影响，由此引发了被遗忘权问题。

2014 年谷歌西班牙案中，被遗忘权第一次出现在司法实践中。1998 年，西班牙《先锋报》刊登了西班牙公民冈萨雷斯因无力偿还债务而遭拍卖物业的公告。2009 年，冈萨雷斯发现谷歌搜索收录了该公告，并指向《先锋报》报道的链接。冈萨雷斯认为这些信息已经过去多年，不再有相关性，要求谷歌删除其链接。欧盟法院根据《数据保护指令》认为，谷歌属于数据处理者和控制者，其对搜索结果负有注意义务。该案中，带有冈萨雷斯个人数据的新闻报道是"不必要、不相关和已过时的"，因此，欧盟法院要求谷歌在搜索引擎中删除链接，保证通过谷歌的搜索服务无法打开该链接。

2016 年欧盟《通用数据保护条例》在《数据保护指令》的基础上，明确了被遗忘权的实质性内容，将删除对象从搜索服务提供商进一步扩展到存储服务提供商和缓存服务提供商等所有的数据控制者，并将删除的定义从切断搜索结果链接进一步扩展到直接删除源网站的数据。被遗忘权的确立增加了搜索引擎的审查和注意义务，谷歌甚至专门成立了一支经过培训的审核团队，但是在具体执行上，谷歌采用关键词、域名、访问地址等技术措施，将被遗忘权的影响范围降到最低，甚至可以通过优化检索策略来加以规避。另外，为了避免相关诉讼，谷歌将某些负面报道的链接主动删除，由此也引发了"选择性遗忘"的争议。

2015 年，国内也出现了第一例与被遗忘权相关的案件［北京市第一中级人民法院（2015）一中民终字第 09558 号］。原告任某玉曾在陶氏生物科技有限公司从事教育培训工作并于 2014 年离职，但直至 2015 年起诉前，在百度搜索"任某玉"，搜索结果的相关搜索处仍显示"陶氏教育任某玉"等关键词。同时，搜索"陶氏教育"会显示"陶氏教育骗局"等相关搜索词条。任某玉认为，由于百度搜索将其姓名与业界口碑不好的陶氏教育相关联，导致其多次丢失工作机会与客户，因此要求百度断开其姓名与陶氏教育的关联性搜索链接。该案经北京市海淀区人民法院和北京市第一中级人民法院两审，2015年12月作出终审判决，法院驳回了原告的全部诉讼请求。对于原告主张被遗忘权，法院认为，我国现行法律中没有对被遗忘权的规定，也没有被遗忘权的权利类型。因此，原告依据一般人格权主张被遗忘权属于一种人格利益，就必须证明其在该案中的正当性和应予保护的必要性，但原告未能加以证明，因此，法院对原告的诉讼请求没有给予支持。

2. 应对建议

从欧盟适用被遗忘权的效果来看，直接在中国引入被遗忘权并不是解决相关争议的最佳途径。即使适用被遗忘权，也必须进行严格的适用情境测试，需要考虑产生争议的数据信息是否属于私人性质；是否涉及公共利益；数据主体是否是公众人物；数据是否是公共记录的一部分；数据主体是否受到了实质性的伤害以及数据信息的时效性等诸多因素。因此，当务之急是在现有法律体系框架内寻找解决方案。

事实上，妥善利用《中华人民共和国侵权责任法》（简称《侵权责任法》）的"通知—删除规则"和《网络安全法》赋予个人的要求更正权就可以解决被遗忘权的问题。《侵权责任法》第36条规定，网络用户、网络服务提供者利用网络侵害他人民事权益的，应当承担侵权责任。该条进一步明确了网络侵权的"通知—删除"规则，即网络用户利用网络服务实施侵权行为的，被侵权人有权通知网络服务提供者采取删除、屏蔽、断开链接等必要措施。网络服务提供者接到通知后未及时采取必要措施的，对损害的扩大部分与该网络用户承担连带责任。❶根据这一规定，只要存在侵权行为，无论是侵犯知识产权，还是侵犯当事人姓名权、名誉权、人格

---

❶ 《民法典》第1194、1195条对网络用户、网络服务器提供者的侵权责任作出类似规定。

权、隐私权等法定权利，权利人都可以据此要求网络服务提供者删除、屏蔽相关侵权信息。❶2017 年 6 月起施行的《网络安全法》进一步扩大了个人信息的范围，即便是碎片化的网络信息，只要与其他信息结合后能识别出特定主体的身份，都属于个人信息范畴。该法第 43 条规定，个人发现网络运营者收集、存储的其个人信息有错误的，有权要求网络运营者予以更正。网络运营者应当采取措施予以删除或者更正。

因此，通过要求网络服务提供者履行《侵权责任法》和《网络安全法》规定的删除侵权信息或错误信息的义务，基本可以达到适用被遗忘权的效果。后续的关键是如何在个案中解释和确定哪些信息属于侵权信息或错误信息，这不仅要求对法定权利的准确理解，更涉及如何在个人权利和公共利益之间寻求平衡。

第二节　智能金融产业：人工智能技术专利布局及竞争态势 *

人工智能技术推动金融业的变革，智能金融产业国内外竞争激烈。本节基于专利数据，对智能金融及其分支技术领域的全球专利申请展开分析，重点分析全球专利申请趋势、重要专利申请人的研发能力、主要国家和地区的竞争力，借此对智能金融领域的全球竞争态势作出研判，并指出该领域的关键技术和技术热点。

一、人工智能技术在金融领域的应用场景

随着人工智能技术手段在金融领域应用的深入，智能金融产业应运而生。智能金融，通常指利用人工智能技术进行金融产品和服务模式创新，

---

❶ 胡张拓.国内适用被遗忘权的探讨［D］.北京：清华大学，2017.

* 本节由笔者与杜梦婷合作完成，在此表示感谢！

改善用户体验，提升服务效率。2017 年 7 月在国务院印发的《新一代人工智能发展规划》中，第一次正式提出"智能金融"概念，明确要建立金融大数据系统、创新智能金融产品和服务、应用智能技术和装备、建立风险智能预警与防控系统等重点领域。

人工智能在金融领域的应用可分为五大类主要场景 ❶：第一类，基于语音识别与自然语言处理技术的智能客服，如通过在线机器人解决客户交易过程中遇到的问题；通过语音语义分析，挖掘客户沟通内容中有价值的信息。第二类，基于计算机视觉与生物特征识别技术的人像监控与交易安全，如通过人脸识别，对交易场所的可疑人员进行识别；利用图形或视频处理技术，监督员工行为，预防违规操作；运用声纹识别、虹膜识别等生物特征识别技术对客户身份进行验证。第三类，基于机器学习与神经网络技术的交易决策与智能投顾，如通过机器学习，从海量金融数据中提取有效信息，进行交易走势预测，帮助客户作出交易决策。第四类，基于知识图谱技术的风险控制，如利用知识图谱识别关联风险、资金监管，对客户开展信用评级，提前设置风险预警提示。第五类，基于服务机器人的区域巡检与智慧银行，如在金融机构核心区域投放服务机器人，提升柜台业务办理效率。这五大应用场景分别对应五个分支技术领域。

基于上述分析，本节对智能金融及其分支技术领域的全球专利申请展开分析，重点分析全球专利申请趋势、重要专利申请人的研发能力、主要国家和地区的竞争力，借此对智能金融领域的全球竞争态势作出研判，并指出该领域的关键技术和技术热点。

二、专利数据来源及检索要素

本节选取德温特专利数据库（Derwent Innovations Index，DII），利用主题词字段和国际专利分类号（International Patent Classification，IPC）相结合的方式进行专利检索，专利数据检索截止时间为 2019 年 12 月 31 日。

---

❶ 杨涛. 对人工智能在金融领域应用的思考 [J]. 国际金融，2016（12）：24-27.

由于专利公开时间延后，数据可能存在部分遗漏。

鉴于智能金融属于人工智能与金融的交叉领域，专利检索分为两个步骤：第一步，分别确定人工智能及其分支技术领域和金融领域的专利检索主题词和专利检索式（表 2-1 和表 2-2）。

表 2-1　人工智能领域检索要素表

技术领域	主题词	检索式
语音识别与自然语言处理	语音翻译、语音识别、语音处理、语音合成、语义识别、语言识别、文本挖掘、模式识别、自然语言处理	#1：TS=（"voice translat*" OR "speech translat*" OR "voice identif*" OR "voice recogni*" OR "speech identif*" OR "speech recogni*" OR "speech process*" OR "speech synthesis*" OR "semantic identif*" OR "semantic recogni*" OR "language recogni*" OR "pattern identif*" OR "text mining*" OR "natural language processing*"）
计算机视觉与生物特征识别	面部识别、生物识别、图片识别、图像分类、图像分割、图像解码、手势控制、视频分析、视频识别、视觉编码、指纹识别、虹膜识别、计算机视觉	#2：TS=（"face recogni*" OR "facial recogni*" OR "biological recogni*" OR "biometrics recogni*" OR "picture recogni*" OR "graph recogni*" OR "image recogni*" OR "image identif*" OR "image classif*" OR "image segment*" OR "image encod*" OR "gesture control*" OR "video analy*" OR "video recogni*" OR "fingerprint recogni*" OR "fingerprint identif*" OR "iris recogni*" OR "iris identif*" OR "computer vision*"）
机器学习与神经网络	机器学习、机器阅读、机器翻译、深度学习、神经网络、数据挖掘、监督学习、半监督学习、无监督学习、强化学习、遗传编码、遗传算法、智能计算、贝叶斯网络	#3：TS=（"machine learn*" OR "machine reading*" OR "machine translat*" OR "deep learn*" OR "depth learn*" OR "neural network*" OR "data mining*" OR "supervised learn*" OR "semi-supervised learn*" OR "unsupervised learn*" OR "reinforcement learn*" OR "genetic program*" OR "genetic algorithm*" OR "cognitive computing*" OR "bayesian network*"）
知识图谱	知识图谱、知识树、知识库、知识发现、知识表示	#4：TS=（"knowledge domain*" OR "knowledge map*" OR "knowledge graph*" OR "knowledge tree*" OR "knowledge vault*" OR "knowledge discover*" OR "knowledge represent*"）

续表

技术领域	主题词	检索式
服务机器人	智能机器人、专家系统、移动机器人、人形机器人	#5：TS=（"smart robot*" OR "intelligent robot*" OR "intelligence robot*" OR "expert system*" OR "mobile robot*" OR "humanoid robot*"）
人工智能	人工智能	#6：TS="artificial intelligen*"
全部		#7：#1 OR #2 OR #3 OR #4 OR #5 OR #6

表 2-2　金融领域检索要素表

相关 IPC 号	主题词	检索式
G06Q20*、G07F19*、G06Q40*	金融、股票、债券、基金、投资、借贷、万事达卡、visa 卡、货币、会计、银行业、资产、资本金、保险、担保、再保险、税收、受托、信托、收银机	#8：TS=（"financ*" OR "equity*" OR "debenture*" OR "funds*" OR "investment*" OR "loan*" OR "credit*" OR "mastercard*" OR "visa*" OR "currenc*" OR "accounting*" OR "banking*" OR "asset*" OR "capital fund*" OR "insuranc*" OR "assuranc*" OR "reinsur*" OR "tax*" OR "fiduciar*" OR "trust*" OR "cash regist*"） OR IP=（G06Q-020* OR G07F-019* OR G06Q-040*）

　　第二步，在表 2-1 和表 2-2 的基础上，针对智能金融领域的五种应用场景，将人工智能分支技术领域与金融领域检索式分别进行组合检索，得到智能金融领域整体和不同分支技术领域的专利族数（表 2-3），并以此为基础展开后续研究。

表 2-3　智能金融领域检索式和专利族数

技术领域	检索式	专利族数
语音识别与自然语言处理	#1'：#8 AND #1	1476
计算机视觉与生物特征识别	#2'：#8 AND #2	3404
机器学习与神经网络	#3'：#8 AND #3	3307
知识图谱	#4'：#8 AND #4	180
服务机器人	#5'：#8 AND #5	277
智能金融整体	#7'：#8 AND #7	8821

需要指出，不同的专利检索策略对检索结果将产生影响。由于部分专利可能使用于多个场景，因此同一个专利可能出现于多个分支技术领域。同时，在对智能金融整体进行专利检索时，使用"人工智能"作为主题词，因此智能金融整体的专利数量将超过五个分支技术领域的专利数量总和。

三、智能金融领域全球专利申请分析

（一）专利申请趋势分析

最早与智能金融相关的专利申请出现于 20 世纪 70 年代，是基于机器阅读的客户记账程序。此后，陆续出现将语音合成、图像识别等技术应用于银行收银、金融系统终端交互以及支票信息识别的专利申请。如图 2-1 所示，从 2011 年开始，智能金融领域的专利申请量呈现出爆炸式增长，自 2015 年~2019 年近 5 年的专利申请公开量接近总申请公开量的 7 成（69.29%）。

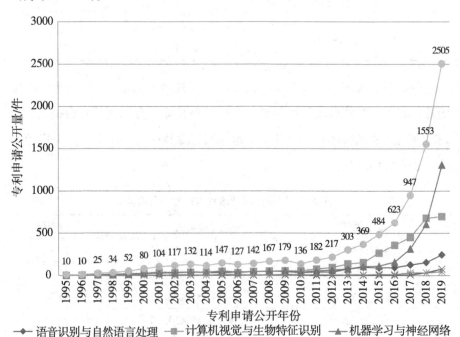

图 2-1　1995~2019 年智能金融领域专利申请公开量变化趋势

在五类分支技术领域中，计算机视觉与生物特征识别、机器学习与神经网络是全球专利申请的重点领域；语音识别与自然语言处理领域的专利申请量居中；知识图谱、服务机器人领域的专利申请量相对较少。

在专利申请公开量总数方面，计算机视觉与生物特征识别领域位居第一，机器学习与神经网络领域居第二。随着对深度学习的关注，2016年以后，机器学习与神经网络技术的专利申请显著增加；到2019年，该领域的专利申请公开量已超过计算机视觉与生物特征识别技术，排名第一。

（二）专利申请受理国家和地区分析

从专利申请的受理国家来看，智能金融的专利申请主要集中于中国、美国、韩国、欧洲专利国家（图2-2中简称欧洲）和日本（图2-2）。中国的专利申请公开量为4282件，位列第一；美国为3379件，居第二；韩国、欧洲专利国家、日本属于第二梯队，分别为786件、569件和546件。

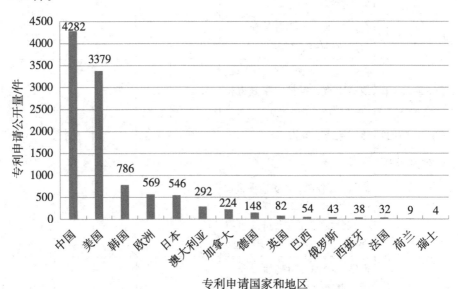

图2-2　智能金融领域主要国家和地区的专利申请公开量分布趋势

表2-4中"全球"项下为该IPC分类号下的专利申请量占人工智能领域全球专利申请总量的比例，各国项下为该IPC分类号下的专利申请数

量。作为全球最主要的专利申请受理国，中国和美国各自的技术分布与全球技术分布趋势基本一致。

表2-4 全球智能金融领域专利申请IPC分类号分布情况

IPC 分类号	含义	全球	美国/件	中国/件	韩国/件	日本/件
G06K-009/00	用于阅读或识别印刷或书写字符或者用于识别图形。例如，指纹的方法或装置	14.71%	450	776	184	55
G06Q-020/40	授权。例如，支付人或收款人识别，审核客户或商店证书；支付人的审核和批准，例如，信用额度或拒绝清单的检查	12.07%	289	722	105	30
G06F-017/30	信息检索及其数据库结构	8.87%	550	236	36	57
G06K-009/62	应用电子设备进行识别的方法或装置	6.52%	213	382	15	27
G06Q-040/00	金融；保险；税务策略；公司或所得税的处理	6.30%	291	205	36	38
G06Q-040/02	银行业。例如，利息计算、信贷审批、抵押、家庭银行或网上银行	5.63%	112	314	48	24
G06Q-020/32	使用无线设备的	4.91%	123	237	106	13
G06N-003/08	学习方法	4.90%	181	232	40	19
G06Q-010/06	资源、工作流、人员或项目管理。例如，组织、规划、调度或分配时间、人员或机器资源；企业规划；组织模型	4.86%	140	274	22	14
G06Q-030/02	行销。例如，市场研究与分析、调查、促销、广告、买方剖析研究、客户管理或奖励；价格评估或确定	4.69%	221	153	41	22

中国和美国在智能金融领域的整体技术优势明显。美国在G06F-017/30（信息检索、数据库结构）、G06Q-040/00（金融、保险、税务）、G06Q-030/02（行销、价格评估）分类上的专利申请量多于其他国家。中国在G06K-009/00（图形识别）、G06Q-020/40（授权、审核）、G06K-009/62（识别电子设备）、G06Q-040/02（银行业）、G06Q-020/32（使用无线设备的）、G06N-003/08（学习方法）、G06Q-010/06（资源、工作流、人员或项目管理）等多个分类上的专利申请量占据优势。

（三）重要专利申请人分析

如图2-3所示，申请量排名前20的专利申请人（存在并列，共24位）中有13家来自美国，5家来自中国，4家来自韩国。国际商业机器公司（International Business Machines Corporation，IBM）以237件专利申请排名第一；平安集团以215件专利申请排名第二。IBM和平安集团的专利申请量远远超过其他专利申请人。

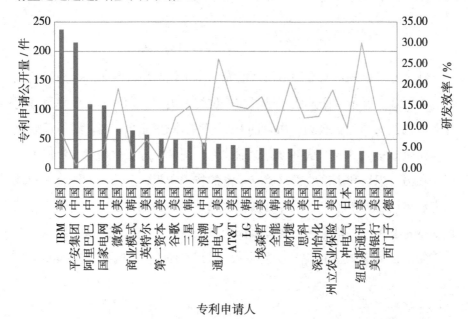

图2-3　智能金融领域重要专利申请人的专利申请公开量及其研发效率

在美国机构中，IBM、微软、英特尔和谷歌等科技巨头同样在智能金融领域拥有强大的研发实力。此外，第一资本、州立农业保险公司（State Farm）和美国银行等金融机构也已经在智能金融领域展开专利布局。

在中国机构中，平安集团、阿里巴巴、国家电网等企业占据主导地位；浪潮集团作为云计算企业也开始在智能金融领域进行专利布局。始创于 1999 年的深圳怡化电脑股份公司（简称"深圳怡化"）是专业的银行自助设备的设计商、制造商和服务商，在生物识别和语音识别领域拥有一定的积累，以 32 件专利申请公开量进入排名前 20。

图 2-3 同时展示了重要专利申请人的研发效率。H 指数由加州大学圣地亚哥分校物理学家赫希教授提出，指一定期间内发表的论文至少有 h 篇的被引频次不低于 h 次，用于反映科研人员的学术成就。❶ 在专利分析中，同样可以通过考察专利的被引用次数，来对专利申请人的研发实力进行评价，即在一定期间内申请的专利至少有 h 件的被引用频次不低于 h 次。为反映专利申请人的研发效率，采用 H 指数与专利申请公开量的比值。

$$专利申请人的研发效率 = \frac{H\ 指数}{专利申请公开量} \times 100\%$$

在智能金融领域，专利申请人的专利申请量与研发效率并非成正比关系。如图 2-3 所示，研发效率排名前三位均为美国公司。研发效率最高的是美国的纽昂司通讯公司（Nuance），研发效率达到 30.00%。纽昂司通讯公司是全球最大的专门从事语音识别软件、图像处理软件研发和销售的公司，在语音识别和声纹鉴别领域有丰富的技术积累，虽然在智能金融领域的专利申请公开量不多，但专利被引次数高。例如，该公司"用于注册用户在银行业务中以语音进行身份验证的方法专利"被引 153 次。研发效率排名第二的是美国通用电气，研发效率为 26.19%。美国财捷（Intuit）公

---

❶ HIRSCH J E. An Index to Quantify an Individual's Scientific Research Output ［J］. Proceedings of the National Academy of Sciences of the United States of America，2005，102 （46）：16569-16572.

司以 20.59% 的研发效率排名第三。财捷公司是一家主要从事财务软件开发的科技公司，其"以面部图像识别为主要技术的用于用后授权移动支付进行交易的方法专利"被引 90 次。

通过对比分析发现，在重要专利申请人中，13 家美国企业中有 10 家企业的研发效率超过 10%，而中国企业的研发效率普遍较低，5 家企业中，仅有深圳怡化 1 家研发效率超过 10%，为 12.50%，其他企业的研发效率均不高于 5%。平安集团的专利申请公开量虽然很大，但其研发效率仅为 0.93%。

中国专利申请人的研发效率偏低，一方面，是因为专利质量不高，被引用次数较低；另一方面，也是因为中国的专利申请主要集中于 2017—2019 年，大部分专利申请仍处于审查状态尚未获得授权。

四、智能金融领域国家竞争力分析

（一）专利组合分析法

利用国别和地区的专利数据，结合专利组合分析方法，对国家综合竞争力展开分析。早期的专利组合分析方法是恩斯特教授从专利申请的相对增长率和相对专利数量与质量两个维度监测企业竞争对手情况❶。相关指标经过改进后的专利组合矩阵，用于判定区域的综合竞争力，采用专利活动和专利质量两个维度，将竞争者划分为技术领导者、潜在竞争者、技术活跃者和技术落后者。❷

如表 2-5 所示，RSI 指数用于比较区域在该领域的投入力度和估量专利数量的增长潜力。专利占有率和专利成长率则衡量区域在该领域的技术储备和发展速度。专利质量指标包括国际范围和技术范围指标，并引入核心专利族数量指标和引用频次指标。核心专利根据普赖斯定律采用被引次

❶ ERNST H. Patent Information for Strategic Technology Management [J]. World Patent Information, 2003, 25（3）: 233-242.

❷ 黄鲁成，常兰兰，苗红，等. 基于 ESTP-Chain 四维分析法的老年福祉技术竞争态势分析 [J]. 科技管理研究，2016，36（12）: 213-219.

数界定。

根据普赖斯定律，以被引次数界定核心专利。[1]N_{max} 为该领域专利最高的引用次数，引用次数为 M ~ N_{max} 是核心专利，智能金融领域专利最高被引次数为 1226 次，根据公式计算 $M=0.749 \times \sqrt{1226} =26.23$，可定义专利中引用次数不少于 27 次为该领域的核心专利。

表 2-5　专利组合分析指标及计算方法

维度	指标名称	计算方法
专利活动	RSI 指数	$RSI=\lg \dfrac{n_i/n}{N_i/N}$ n_i：国家 i 在该领域专利数量 n：数据库中该领域所有专利数量 N_i：国家 i 所有专利数量 N：数据库所有专利数量
专利活动	专利成长率	$\left(\dfrac{2010\sim2019 \text{ 年该领域专利量}}{2000\sim2009 \text{ 年该领域专利量}} -1 \right) \times 100\%$
专利活动	专利占有率	$\dfrac{\text{该国或地区专利量}}{\text{总专利量}} \times 100\%$
专利质量	技术范围	各国或地区申请专利的 IPC 总量
专利质量	国际范围	各国或地区同族专利数量
专利质量	引用频次	各国或地区专利的平均被引频次
专利质量	核心专利数	各国或地区被引次数不少于 27 次的专利数量

（二）国家竞争力分析

针对排名前五的国家和地区，采用专利组合分析法（表 2-5）计算出对应专利活动和专利质量中各项指标的数值，每个指标中的值与该指标最高值的比值为最后的标准化值。两个维度下的指标之和表示不同区域专利

---

[1] 钟旭 . 技术创新生产率的频率分布［J］. 科学学与科学技术管理，2002（8）：55-57.

活动和专利质量水平（表2-6）。

表2-6　智能金融领域主要国家和地区的专利组合指标值

指标名称	美国	中国	欧洲专利国家	韩国	日本
RSI 指数	1.00	0.14	−0.30	0.18	−2.12
专利成长率	0.10	1.00	0.06	0.09	0.04
专利占有率	0.79	1.00	0.13	0.18	0.13
专利活动	1.89	2.14	−0.11	0.45	−1.96
技术范围	1.00	0.83	0.57	0.40	0.51
国际范围	0.79	1.00	0.13	0.18	0.13
引用频次	0.61	0.08	1.00	0.16	0.66
核心专利	1.00	0.08	0.24	0.06	0.14
专利质量	3.40	1.99	1.95	0.80	1.44

依据表2-6所得数值绘图，以专利活动和专利质量平均标准化值为分界线，划分为四个象限，分别对应潜在竞争者、技术领先者、技术落后者和技术活跃者。如图2-4所示，美国为技术领导者，专利质量水平居首位。中国的专利活动水平最高，处于技术活跃者向技术领导者过渡阶段。

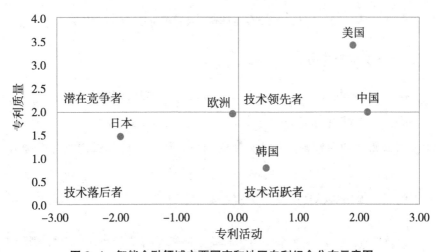

图 2-4　智能金融领域主要国家和地区专利组合分布示意图

欧洲专利国家的专利质量较高，但专利活动值偏低，属于潜在竞争者。日本、韩国相对而言属于技术落后者，在专利质量方面，日本显著优于韩国；专利活动方面，韩国则明显领先日本。

五、智能金融领域分支技术专利分析

本文借助可视化科学文献分析软件 CiteSpace（5.6.R3）对智能金融领域的专利文献进行聚类分析和关键词提取。将 1974~2019 年公开的 8821 项专利（表 2-3）的德温特手工代码数据输入 CiteSpace 软件，选取出现频次最高的 20 个节点，时间间隔设置为 1 年，得到图 2-5。

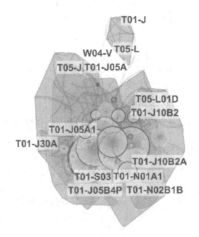

图 2-5　1974~2019 年全球智能金融领域专利可视化图谱

（一）关键技术分析

在共现词网络中，如果一个节点位于与许多其他节点连接的最短路径上，则该节点拥有较高的中介中心性（betweeness centrality），中介中心性常被用来衡量和识别关键技术。❶ 使用德温特手工代码对智能金融领域的专利进行统计，按照中介中心性的数值进行排序，选取排名前十的德温特手工代码，得出关键技术类别（表 2-7）。

---

❶ 黄鲁成，王凯，王亢抗．基于 CiteSpace 的家用空调技术热点、前沿识别及趋势分析［J］．情报杂志，2014，33（02）：40-43.

表 2-7　智能金融领域技术主题的中介中心性排名

中介中心性	德温特手工代码	技术主题
0.21	T01–J05A1	金融、财政
0.20	T01–S03	软件产品（带权利声明）
0.20	T01–N01A1	金融科技系统
0.17	T01–C08A	语音识别或合成输入或输出
0.16	T05–L02	电子支付
0.15	T01–J16C1	神经网络
0.14	T01–J10B2	图像分析
0.14	W04–V01	语义分析
0.13	T01–J18	语音或音频的计算机处理
0.12	T04–D04	识别（光学字符、指纹）
0.12	W04–V	声波的分析，合成和处理
0.11	T01–J10B2A	用于识别（字符或图像）
0.11	T01–J05B4P	数据库应用程序（可用于检索、问答）
0.11	W01–C01D3C	便携式终端
0.10	T01–J05B2	存储

中介中心性排名前十的技术主题中，有近一半来源于数据处理系统（T01-J），表明数据处理算法在智能金融领域中尤为关键。从表 2-7 中还可以发现，智能金融领域的关键技术集中在语音识别（T01-J18）、语义分析（W04-V01）、神经网络（T01-J16C1）、字符和图像分析（T01-J10B2A）、指纹识别（T04-D04）等领域。

（二）技术热点分析

专利分析中经常使用出现频次高的类别代码，识别出技术热点领域。❶

---

❶ Bailón-Moreno R，Jurado-Alameda E，Ruiz-Baños R，et al. Analysis of the Field of Physical Chemistry of Surfactants with the Unified Scienctometric Model. Fit of Relational and Activity Indicators［J］. Scientometrics，2005，63（2）：259–276.

对智能金融领域的德温特手工代码出现频次进行排序，出现频次高的代码就表示该类技术是智能金融领域的技术热点。

表 2-8 显示出智能金融领域排名前十位的热点技术主题。技术热点分布在软件产品（T01-S03）、金融科技系统（T01-N01A1）、字符或图像识别（T01-J10B2A）、数据库应用程序（T01-J05B4P）等领域。

对比表 2-7 和表 2-8 可以发现，关键技术与技术热点并不一致，技术热点更倾向于应用层面，而关键技术则致力于解决基础性问题。

表 2-8　智能金融领域技术主题出现频次排名

出现频次	德温特手工代码	技术主题
1659	T01-S03	软件产品（带权利声明）
1555	T01-N01A1	金融科技系统
1506	T01-J10B2A	用于识别（字符或图像）
1118	T01-J05A1	金融、财政
1089	T01-J05B4P	数据库应用程序（可用于检索、问答）
727	T01-N02B1B	用户权限或密码系统
658	T01-N01B3	在线教育
627	T01-C08A	语音识别或合成输入或输出
573	T01-N02A3C	服务中心
559	T01-N01D3	远程站点或服务器

再对专利信息中的摘要和主题分别进行共现分析，利用潜在语义索引（Latent Semantic Indexing，LSI）进行对象聚类，得到可视化图谱。

根据专利摘要共现分析，得到热点主题（图 2-6），包括语音会话、键盘测试指标、虚拟数据、输入数据、个体属性、存储内容、携式电话设备。根据专利标题共现分析，得到热点主题（图 2-7），包括可识别字符、智能电话、医学分析、神经网络、个体属性、个人数据助手、程序信息。结合图 2-6 和图 2-7 可以发现，除了语音语义识别、生物特征识别和神经网络领域之外，智能终端设备也将是未来智能金融领域的技术热点。

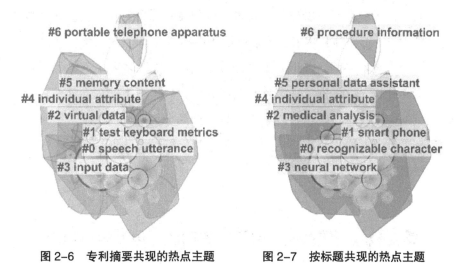

图 2-6　专利摘要共现的热点主题　　　图 2-7　按标题共现的热点主题

六、智能金融领域全球竞争态势

2011 年以来，人工智能技术在金融领域的应用处于快速发展期，相关专利申请增长迅速。计算机视觉与生物特征识别、机器学习与神经网络是智能金融领域的关键技术，也是 2015 年后智能金融领域专利申请的重点。

中国已成为智能金融领域专利申请量最多的国家，美国排名第二，中国和美国的专利申请量远远超过排名前五位的韩国、欧盟和日本。在智能金融领域，已经形成中美旗鼓相当的局面。但是，美国企业的研发能力显著领先于中国企业。在全球专利申请量排名前 20 位的专利申请人中，美国企业超过一半；同时，美国企业的研发效率远远优于中国企业。在重要专利申请人中，美国企业的研发效率大部分超过 10%，纽昂司通讯公司的研发效率最高，达到 30.00%。而中国仅 1 家企业，深圳怡化的研发效率超过 10%，为 12.50%。通过分析主要专利申请人还发现，中美两国的互联网头部企业（如阿里巴巴、谷歌）和金融科技企业（如平安集团、财捷公司）均已经在智能金融领域展开密集的专利布局。

分析智能金融领域各国竞争力，美国属于技术领导者，中国处于技术活跃者向技术领导者的过渡阶段，在专利质量方面与美国相比仍有较大差距。欧盟处于潜在竞争者位置，日本和韩国在专利质量和专利活动领域各占一定优势，但整体技术实力明显落后于中国和美国。

在分支技术层面，数据处理算法等基础研究尤为重要，其他如语音识别、语义分析、神经网络、字符和图像分析、指纹识别等技术都是智能金融领域的关键技术。技术热点集中于软件产品、金融科技系统、字符或图像识别、数据库应用程序等主题。此外，智能终端设备也将是未来智能金融领域的技术热点。

第三节　低碳产业：粤港澳大湾区绿色专利池构建

针对低碳技术的技术转移和专利许可的特点，需要探索建立一套绿色专利制度，重点解决技术许可费用过高、实施条件复杂的问题。基于粤港澳大湾区的产业基础和技术储备，结合大湾区建立绿色低碳的开放型、创新型产业体系的规划，提出构建粤港澳大湾区绿色专利池的构想。第一，在粤港澳大湾区企业间构建共享绿色专利池，通过分享创新技术来打破原有竞争格局，推动低碳产业整体发展，从而支持低碳企业的可持续发展。第二，由政府部分或全部出资购买低碳技术专利权，构建公益性绿色专利池，以此促进低碳技术的推广使用，推动大湾区走低碳发展之路。

一、低碳技术与绿色专利

随着环境问题日益凸显，"低碳"已成为全球最受关注的议题之一，低碳技术（low-carbon technologyn）、低碳产业、低碳经济的热潮也随之而来。

（一）低碳技术及相关概念

低碳技术的根本目标是减少碳排放，属于环境友好技术（environmentally

sound technology）。在联合国环境规划署（United Nations Environment Programme，UNEP）2017 年的研究报告中，将低碳技术❶界定为，减少能源供应和 / 或使用中温室气体排放的各种技术。比如，低碳电力供应技术可以降低温室气体排放（或零排放）。又如，可降低能源消耗或提供替代燃料的技术，如电动汽车。

在联合国环境规划署、联合国经济社会事务部（United Nations Department of Economic and Social Affairs，UNDESA）的文件中，还经常使用绿色经济（green economy）、绿色经济部门（green economy priority sectors）等概念。

绿色经济是指将经济、社会和环境之间的重要联系考虑在内的经济。2008 年，联合国环境规划署启动"绿色经济倡议"（Green Economy Initiative），旨在鼓励各国投资改善环境，将绿色发展作为经济增长的新引擎。该倡议引起政策制定者的共鸣，2012 年联合国可持续发展大会将"绿色经济"采纳为会议主要议程。基于全球范围内的多年实践与合作，联合国环境署于 2019 年 6 月发布《包容性绿色经济：政策与实践》❷，试图为绿色经济模式提供系统的框架。

绿色经济优先部门，涵盖清洁和可再生能源技术领域、生物多样性行业（涵盖农业、林业、海产和生态旅游等）、生态基础设施（包括自然保护区）、废物处理和回收行业、低碳城市、低碳建筑物和低碳运输等领域。绿色经济部门被视为可持续发展的重要工具，具有包容性的驱动力，可以推动经济增长、就业和消除贫困，保持地球生态系统的健康运行。❸

---

❶ SANGWON S，JOSEPH D B，THOMAS G，et al. Green Technology Choices：The Environmental and Resource Implications of Low-Carbon Technologies［R］. Nairobi：United Nations Environment Programme，2017：9.

❷ EATON D，SHENG F L. Inclusive Green Economy：Policies and Practice. Dubai［M］. Shanghai：Zayed International Foundation for the Environment & Tongji University，2019.

❸ CAMERON A. A guidebook to the Green Economy Issue 3：Exploring Green Economy Policies and International Experience with National Strategies［R/OL］. https：// sustainabledevelopment.un.org/content/documents/738GE%20Publication.pdf，UN Division for Sustainable Development，November 2012：3.

在世界贸易组织（World Trade Organization，WTO）和联合国环境规划署联合发布的《贸易与气候变化》报告中，将低碳技术称为气候友好型技术（climate-friendly technology），并指出技术创新、技术转让和实施对于解决气候变化问题至关重要。实现全球减排，取决于发展中国家获取、扩散和使用低碳技术的能力，而这可以通过贸易和技术转让来促进。❶

（二）绿色专利

低碳技术的国际转让，广义理解涉及两个方面，一方面涉及物理上有形资产或货物中的技术转让，如工业厂房和设备，机械、部件和设备；另一方面涉及技术或技术系统相关的无形知识和信息，如专利权、技术秘密和特许使用权等。❷

针对低碳技术的专利授权和技术许可，WIPO和全球多个谋求在环境保护领域作出创新的国家（如中国、美国、欧洲一些国家等）正在探索建立一套绿色专利（green patent）制度。绿色专利以发明为主，在专利权的授予条件、保护期限、权利内容和侵权判定上与普通专利并无两样，其特殊性主要体现在专利申请授权的程序以及专利技术的许可制度上。❸

为了解决专利申请中常见的审查和授权程序复杂、耗时漫长的问题，保证低碳技术的开发者及早获得专利，加速环保产品和服务的上市时间，多个国家已针对绿色专利设计了特别的申请程序。我国从2012年8月1日施行《发明专利申请优先审查管理办法》，为低碳技术的专利申请建立了一条专利审批快速通道。对于涉及节能环保、新能源、新能源汽

---

❶ LUDIVINE T，ROBERT T，VESILE，et al. Trade and Climate Change：A report by the United Nations Environment Programme and the World Trade Organization[R]. Geneva：WTO Publications，2009：42-45.

❷ 同❶.

❸ 何隽. 从绿色技术到绿色专利——是否需要一套因应气候变化的特殊专利制度？[J].知识产权，2010（1）：37-41.

车等技术领域，以及涉及低碳技术、节约资源等有助于绿色发展的专利申请，符合条件的可以予以优先审查。在优先审查请求获得批准一年内，此类低碳技术的专利申请必须结案。就大大加快了绿色专利申请的审批程序。

2017 年 8 月 1 日《发明专利申请优先审查管理办法》废止，开始施行新的《专利优先审查管理办法》，新的管理办法仍然保留对节能环保、新能源、新材料、新能源汽车等国家重点发展产业的相关专利申请实施优先审查。

此外，美国于 2006 年开始适用新的加速审查程序（accelerated examination），涵盖对改善环境质量、节约能源及开发可替代能源有影响的技术，根据此程序在 12 个月内完成专利申请审查，周期同以往相比最多可缩短 3/4。英国知识产权局于 2009 年起，对于低碳技术可以申请加速审查，进入所谓绿色通道（green channel），平均耗时 2~3 年的专利申请，最快只需 9 个月即可获得授权。为便于专利检索，欧洲专利局于 2010 年新增"气候变化减缓技术"（climate change mitigation technologies）的技术分类，分类代码为 Y02。

2019 年 6 月，中国科创板正式开板。科创板的推出让低碳技术受到更多关注。根据《上海证券交易所科创板企业发行上市申报及推荐暂行规定》（以下简称《暂行规定》），申报科创板发行上市的发行人应当属于高新技术产业和战略性新兴产业。《暂行规定》列举出 6 个行业领域，其中有 3 个属于低碳产业，包括新材料领域、新能源领域和节能环保领域。中国证券监督管理委员会发布的《科创属性评价指引（试行）》进一步规定了企业的科创属性评价指标体系，主要包括 3 个部分：研发投入、发明专利数量和营业收入，这里就涉及绿色专利和专利许可问题。

二、绿色专利许可的新探索

知识产权制度，特别是专利制度不仅对技术创新具有激励作用和保障作用，同时也是技术转让和技术成果商业化的制度保障。联合国环境规划署、欧洲专利局（European Patent Office，EPO）和国际贸易与可持续发展中心（International Centre for Trade and Sustainable Development，ICTSD）联合开展的"环境友好技术（Environmentally Sound Technologies，ESTs）许可活动调查"发现❶，技术许可（Licensing）是转让和利用环境友好技术的重要手段，而且随着时间推移，越来越多的机构支持使用许可。

但是，也有学者指出，应对气候变化的国际制度试图通过发达国家的积极转让（所谓"推动因素"）和发展中国家创造有利条件通过贸易吸引技术和投资（所谓"拉动因素"）的互补方式来解决技术转移的挑战。例如，WTO《与贸易有关的知识产权协议》（*Agreement on Trade-Related Aspects of Intellectual Property Rights*，简称《TRIPS 协议》）的内容几乎全部涉及拉动因素，即为专利权人创造有利的贸易和投资环境。但是，《TRIPS 协议》规定的最低专利保护标准则有可能阻碍发展中国家的技术开发和转让，而这些国家并不能从许可技术或外国直接投资的增加中获得重大收益。❷

专利权导致技术垄断，产生过高的交易成本，成为投资者和生产者市场准入的障碍，并可能对后续技术创新产生威胁。为了解决绿色专利许可中遇到的问题，特别是针对专利授权中许可费用过高、实施条件复杂的问题，一些具有远见和探索精神的机构正在展开共享专利和开放专利的尝试。

---

❶ PUGATCH M P. Survey of Licensing Activities in Selected Fields of Environmentally Sound Technologies（ESTs）[R/OL].（2010–01–10）. http: //www.pugatch–consilium.com/reports/Licensing–Survey–Final–Report.pdf.

❷ HUTCHISON C J. Does TRIPS Facilitate or Impede Climate Change Technology Transfer into Developing Countries?[J]. University of Ottawa Law & Technology Journal，2006（3）：517–537.

（一）专利共享

2008 年 1 月，IBM 公司与世界可持续发展工商理事会（World Business Council for Sustainable Development，WBCSD）合作，协同诺基亚、索尼等多家公司设立了"生态专利共享计划"（eco-patent commons）❶。该共享计划旨在促进环保技术的利用、实施和后续开发；提供技术分享的平台；并鼓励企业间对环保技术方案的合作利用和开发。计划由总部位于日内瓦的世界可持续发展工商理事会负责运营。全球 10 余家代表不同行业的公司加入了该专利共享计划，包括博世、陶氏化学、富士施乐、惠普、诺基亚、理光、索尼和施乐公司等，开放的专利约 100 项，这些专利主要是直接解决环境问题或具有环境效益的制造业或商业领域方案。❷

"生态专利共享计划"向全球所有企业或组织开放，不区分行业，只要其所提供的专利能够提供环境效益即可；同时，共享计划中的专利对所有人开放，任何企业或组织都可以无偿使用这些专利。这就意味着"生态专利共享计划"提供了一个全球任何组织和个人自由加入、自由分享、自由使用相关专利的平台。在某种程度上"生态专利共享计划"承袭了"知识共享计划"（creative commons）的自由传播理念。"知识共享计划"提供了一个创作者共享作品并据此创作的平台；"生态专利共享计划"则提供了一个独特的绿色专利许可和使用的平台。

世界知识产权组织于 2013 年 11 月启动新的在线交易平台 WIPO GREEN，旨在促进和加速绿色技术创新及其转让，扩大对环境友好技术的采用和使用，为寻求共享创新和环境友好型技术以应对气候变化的各种

---

❶ The Eco-Patent Commons：A Leadership Opportunity for Global Business to Protect the Planet[R/OL]．（2008-01-10）．https：//www.ibm.com/ibm/environment/news/Eco-PatentCommonsBrochure_011008.pdf.

❷ BOWMAN J. The Eco-Patent Commons：Caring Through Sharing[J]．WIPO Magazine，2009（2）：4-7.

团体建立联系。WIPO GREEN 由两个部分组成：第一部分，WIPO GREEN 数据库，提供相关发明、技术、技术秘密与服务的信息以及需求目录，数据库可以公开查阅，某些具体信息仅限注册后提供。第二部分，WIPO GREEN 网络，提供全球论坛，为用户搭建联系渠道，为绿色发明、技术、技术秘密与服务提供交易场所。

根据 WIPO 全球挑战司司长迪特里希女士的介绍，截至 2020 年 3 月，WIPO GREEN 数据库包括 3000 多种技术和需求，平台为来自 63 个国家和地区的近 1500 个国际用户提供服务，其中包括中小企业、大学和研究机构以及跨国公司。任何拥有技术、有潜力支持向低碳未来过渡的公司或实体，都可以通过签署协议加入 WIPO GREEN 系统。❶

（二）专利开放

在专利共享的基础上，新能源汽车领域又出现了专利开放的新动向。2014 年 6 月，全球最著名的电动汽车设计和制造商特斯拉宣布将开放其专利技术，对于那些使用特斯拉专利技术的公司，将不会提起专利侵权诉讼。公司首席执行官（Chief Executive Officer，CEO）马斯克在公司官网上发文表示，本着开源运动的精神（the spirit of the open source movement），开放公司专利，目的是推动电动汽车技术的进步❷。

特斯拉宣布开放的专利中包括了电池动力系统专利、电池系统与汽车其余部分如何整合的专利，这些专利帮助特斯拉率先降低了电池成本，增加了电池的安全性、提高电池的充电速度。主动开放这些专利就等于将自己的竞争优势拱手让给竞争对手，这种做法突破了以往公司研发和获取专利的初衷，即利用专利为对手设置障碍，并提高自身竞争力。而马斯克却

---

❶ DIETTERICH A. WIPO GREEN：Supporting Green Innovation and Technology Transfer[J]. WIPO Magzine，2020（1）：17–22.

❷ MUSK E. All Our Patent Are Belong To You[N/OL]. [2014–06–12]. https：//www. tesla.com/blog/all-our-patent-are-belong-you.

表示，技术领先地位不是由专利来定义的，而是由公司吸引和激励世界上最有才华的工程师的能力来决定的。

特斯拉开放专利的做法在业界引发争议。有报道认为，新能源汽车作为一个新兴产业，特斯拉这样做，是将自己的竞争对手定位为占绝大多数市场份额的传统的汽油汽车制造商，而不是其他电动汽车制造商。❶ 有研究者从商业竞争策略角度分析，认为通过开放专利可以推动整个行业发展，同时，开放专利将提高技术标准普适性，进而掌控行业的未来发展。❷ 也有研究者在对特斯拉的专利进行分析后认为，特斯拉的专利与其他汽车公司（如丰田、松下、通用、福特）的互引非常多，公司之间的技术关联性较强。因此，其他电动汽车企业在特斯拉的开放专利基础上进行研发，也面临侵犯其他汽车公司专利权的风险。❸

有学者指出，由于技术演进和社会发展中存在"路径依赖"，而技术的复杂化发展以及清洁技术领域专利激增所带来的"专利丛林"使得清洁技术领域专利技术的推广速度极其缓慢。开放专利许可平台的实质是建立标准许可条款来管理专利知识以促进开放创新。❹

因此，无论从哪个角度分析，特斯拉以开放专利促进新能源汽车产业整体发展的做法，对于低碳产业而言，都是一种新的探索。可以认为，专利开放不仅是特斯拉的一种市场竞争策略，也是绿色经济的佼佼者试图以更新规则的方式打破原有竞争格局的尝试。

三、粤港澳大湾区绿色专利池构建

21 世纪以来，中国低碳技术创新活动非常活跃，且创新活动以国内本

❶ 靳书阳. 特斯拉开放专利一箭双雕 [N]. 证券时报，2014-6-14（A01）.

❷ 李朋波. 特斯拉开放专利背后的战略逻辑 [J]. 企业管理，2014（10）：24-26.

❸ 国家知识产权局专利局专利审查协作四川中心. 特斯拉公司开放电动汽车专利深度分析 [N]. 中国知识产权报，2014-06-25（6）.

❹ 陈琼娣. 开放创新背景下清洁技术领域专利开放许可问题研究 [J]. 科技与法律，2016（5）：944-957.

土创新为主。根据国家知识产权局的专利统计数据❶，2014—2017 年，中国绿色专利申请量累计达 24.9 万件，年均增速达到 21.5%。低碳技术创新活动主要活跃在污染控制与治理、环境材料、替代能源、节能减排四个技术领域，这四个领域绿色专利申请量占同期中国绿色专利申请总量的近九成。按区域考察，2014—2017 年，粤港澳大湾区绿色专利申请量接近 2 万件，其申请量年均增速为 39.4%，高于国内绿色专利的年均增速 14.9%；从低碳技术的分布看，粤港澳大湾区与国内整体的技术分布特点不同，大湾区的替代能源领域专利申请占比 22.7%，仅次于污染控制与治理的 30%，显示低碳技术在该区域的独特发展趋势。

粤港澳大湾区要成为世界一流湾区，需要走绿色低碳发展之路。由国家发展和改革委员会、广东省人民政府、中国香港特别行政区政府、中国澳门特别行政区政府联合制定的《深化粤港澳合作 推进大湾区建设框架协议》，提出"生态优先，绿色发展"，包括"推动形成绿色低碳的生产生活方式和城市建设运营模式"，构建"绿色低碳的开放型、创新型产业体系"。打造具有全球影响力的国际科技创新中心是粤港澳大湾区建设的一项核心任务。大湾区目前有超过 1.89 万家国家级高新技术企业，每年的国际专利申请量占全国 56%，创新要素集聚，具备建设国际科技创新中心的良好基础。❷因此，粤港澳大湾区具有构建绿色专利池的现实需求和企业基础。

（一）构建企业共享绿色专利池

作为中国经济最有活力的地区之一，粤港澳大湾区企业在科技创新领域也一直居全国领先位置。在广东省八大战略性新兴产业中，有一半都属于低碳产业。广东省知识产权研究与发展中心曾对 1985~2015 年广东省新

---

❶ 国家知识产权局规划发展司.中国绿色专利统计报告（2014—2017 年）[R].专利统计简报，2018（14）.

❷ 王志民.把握粤港澳大湾区发展机遇 携手打造国际科技创新中心 [N].学习时报，2018–08–31（1）.

能源汽车产业❶、节能环保产业、新能源和新材料产业❷的专利申请和授权数据进行统计。对相关数据汇总处理后可以发现（表2-9），广东省在低碳产业领域具有雄厚的技术实力：新能源汽车产业和节能环保产业的专利申请量、专利授权量都居全国首位，新材料产业居全国第二，新能源产业居全国第四。分析专利申请量和专利授权量的全国占比还可以发现，所有四个绿色产业的专利授权量占比都高于申请量占比，可见广东省的专利申请质量优于全国平均水平。另外，在主要专利申请人中，广东企业展示出强大的科技研发能力，比亚迪公司、美的集团、格力电器均在多个产业中位居申请量前三名。

表2-9　广东省四大低碳产业1985—2015年专利申请和授权情况

产业类别	专利申请情况			专利授权情况			主要专利申请人
	申请总量/件	全国占比	全国排名	授权总量/件	全国占比	全国排名	
新能源汽车产业	28381	14.57%	1	17939	15.61%	1	比亚迪公司
							东莞新能源科技
							华南理工大学
节能环保产业	109936	16.75%	1	80415	18.56%	1	美的集团
							格力电器
							华南理工大学
新能源产业	27080	9.49%	4	18834	10.42%	4	美的集团
							中国广东核电集团
							格力电器
新材料产业	24675	11.32%	2	13196	12.97%	2	海洋王照明科技
							华南理工大学
							比亚迪公司

---

❶ 广东省知识产权研究与发展中心.广东八大战略性新兴产业专利分析（上）[J].中国发明与专利，2016（8）：25-40.

❷ 广东省知识产权研究与发展中心.广东八大战略性新兴产业专利分析（下）[J].中国发明与专利，2016（9）：27-42.

由此可见，粤港澳大湾区的企业在低碳技术领域具有雄厚的专利储备。基于此，建议在粤港澳大湾区的企业间构建一个独特的绿色专利许可和使用模式，即通过分享创新技术和解决方案来推动低碳行业的整体发展，也使企业获得与众不同的领导力，为企业和其他实体提供一个机会，使其能够为达成共同发展、在深入开发低碳技术方面建立新的合作关系。

共享绿色专利池的目标是给大湾区低碳企业创造一个知识和技术的交流和分享的平台，不会要求加入计划的公司放弃自己的核心专利和由此带来的技术优势。共享绿色专利池可以将科技创新与社会创新相结合，帮助更多企业，特别是初创企业以一种更可持续性的方式发展。

（二）构建政府出资绿色专利池

粤港澳大湾区政府间的知识产权合作由来已久，广东省、中国香港特别行政区及中国澳门特别行政区多个政府部门，包括广东省知识产权局、广东省工商行政管理局、广东省版权局、香港知识产权署及澳门经济局知识产权厅合作开发了"粤港澳知识产权资料库"。在低碳技术领域，可以考虑通过政府出资的方式构建绿色专利池。

加强与深化粤港澳大湾区在知识产权方面的合作是广东省知识产权战略纲要的重要部署之一。粤港澳大湾区在低碳技术领域的合作，不仅依赖于政策上的支持，还需要不断完善合作机制、拓展合作领域。基于此，由政府部分或全部出资购买某些低碳技术专利权，构建公益性绿色专利池，以便对相关低碳技术加以推广使用。出资比例可以交由合作的粤港澳大湾区政府部门根据具体项目的目标规划进行协议筹措。

随着全球经济形势的变化，经济发展模式需要从要素驱动、投资驱动逐步转向创新驱动。因此，需要准确把握大湾区的发展方向及重点，建立绿色创新支撑体系，开展资源生态环境领域关键技术和前沿技术攻关，把绿色创新理念融入发展各领域各环节。❶广东省社会科学院的研究人员在

---

❶ 蔡春林，陈雨.粤港澳大湾区绿色发展设想［J］.城市观察，2018（5）：31-36.

对广东绿色发展实践进行综合测算后认为，改革开放 40 年来，虽然广东的资源利用水平和生态保护水平总体有所上升，但是广东的绿色发展水平并无显著上升，特别是环境治理水平整体偏低，严重制约绿色发展水平的提升。● 因此，在新的发展形势下，广东是否能够继续成为中国经济的领跑者，走低碳发展之路是关键。

低碳发展，会引发新技术的诞生，伴随这些新技术，需要创造全新的技术运营模式。构建粤港澳大湾区绿色专利池，不仅可以推动经济发展，同时这种环保、可持续的发展模式能够提供更优质的生活品质，因而更容易吸引人才并激发人的创造力，这些都将进一步刺激粤港澳大湾区发展潜力。绿色专利池构建不仅能带来经济效益，更具有广泛的社会效益和环境效益。

第四节　基因科技产业：专利保护的挑战与应对

基因科技产业具有高投入、高风险的特点，专利保护对产业发展尤为重要。与此同时，由于基因技术与社会伦理以及人的生命健康权的特殊关联性，使得基因科技领域的专利保护面临更多的争议与挑战。本节重点探讨基因序列的专利适格性、基因科技领域包括生物基因药物专利的创造性判断标准，以及基因诊断面临的专利保护挑战，尤其如何保护人工智能技术在医疗领域的技术创新。

一、基因科技产业与专利保护

（一）基因科技产业与专利保护

生物产业是国家确定的一项战略性新兴产业，其中基因科技产业涉及

● 马少华，付毓卉.改革开放以来广东绿色发展绩效评价［J］.华南理工大学学报（社会科学版），2018（5）：22–29.

基因测序、基因检测、基因诊断、基因治疗、基因药物、转基因等，被誉为是 21 世纪最具潜力的产业，也被认为是规模可达千亿美元的产业❶。基因科技产业具有高投入、高风险的特点，尽管获得政策支持❷，但是单纯依靠政府资金无法支撑产业的长远发展，必须有一个鼓励创新和保护创新的制度环境，让新技术的研发者和投资者获得相应的市场回报。因此，专利保护对于基因科技产业尤为重要。

专利权成为基因科技公司最重要的无形资产。《今日药物发现》刊登的研究报告指出，生物医药企业的专利族数量与公司业务状况、并购价值之间具有正相关性❸。与此同时，在生物科技领域，专利诉讼已成为打击竞争对手、维护市场份额的重要商业竞争手段。哈佛大学商学院勒纳教授在《法律与经济杂志》上发文指出，生物科技行业的当事人（包括原告和被告）在专利诉讼中遭受的损失达到公司总市值 2%❹。近年来，有关基因专利的诉讼在案件数量、持续时间和索赔额方面都超过以往，很多基因科技公司卷入了专利诉讼之中。基于此，基因科技产业对于专利保护格外重视。

（二）基因技术与基因专利

基因一般是指具有功能性遗传信息的特定脱氧核苷酸序列（DNA），DNA 通过转录将遗传信息传递给信使核糖核酸（mRNA），mRNA 通过翻译合成肽链，一条或多条肽链通过多次折叠形成蛋白质，维持生物的基本结

---

❶ 王哲．基因产业的千亿未来［J］．中国报道，2019（1）：72-73.

❷ 例如，2009 年 6 月国务院办公厅印发《促进生物产业加快发展的若干政策》，提出"加快把生物产业培育成为高技术领域的支柱产业和国家的战略性新兴产业"。2012 年 12 月国务院印发《生物产业发展规划》，提出"到 2020 年，生物产业发展成为国民经济的支柱产业"。

❸ SAOTOME C, NAKAYA Y, ABE S. Patent production is a prerequisite for successful exit of a biopharmaceutical company［J］. Drug Discovery Today, 2016, 21（3）：406-409.

❹ LERNER J. Patenting in the shadow of competitors［J］. The Journal of Law and Economics, 1995, 38（2）：563-595.

构和功能。除了天然基因外，还有一些特殊的核苷酸序列。寡核苷酸是指由少于 20 个碱基组成的短链核苷酸，在基因芯片、基因诊断等中有重要作用。互补脱氧核糖核酸（cDNA）是指能与 mRNA 碱基互补的 DNA，与天然 DNA 不同的是，cDNA 缺少内含子。

基因技术是指对有机体基因组进行操作进而改造生物遗传物质的技术。目前运用广泛的基因技术主要有基因工程、基因检测（gene test）和基因治疗（gene therapy）等。基因检测是通过对体液或细胞进行检测，分析基因类型、查找基因缺陷进而判断患病风险的方法，检测方法包括荧光定量聚合酶链式反应（Polymerase Chain Reaction，PCR）检测、荧光原位杂交技术（Florescence In-Situ Hybridization，FISH）、基因测序等，其中以基因测序的精度最高。基因治疗指通过健康基因置换、敲除突变基因、引入新基因等方式达到治疗疾病目的的技术手段。基因治疗已经在失明、神经肌肉疾病、血友病、免疫缺陷和癌症等疾病的临床研究中被证明有效，目前正在加速临床转化。与此同时，基因治疗也面临诸多挑战，包括解决整合基因载体的遗传毒性或关闭靶向基因组编辑，提高基因转移水平或基因组编辑效率，解决体内对载体的免疫反应等。❶

基因专利主要指的是与核苷酸序列相关的专利。常见的基因专利，根据不同客体可以分成两类。

第一类，基因序列专利。DNA 是染色体的主要化学成分，同时也是基因组成的材料，有时被称为"遗传微粒"。无论是基因或是 DNA 片段，其实质是一种化学物质。这里所讲的基因或 DNA 片段可以是从微生物、植物、动物或人体分离获得的，也可以是通过其他手段制备得到的。人们从自然界找到以天然形态存在的基因或 DNA 片段，仅仅是一种发现，属于专利法规定的"科学发现"，不能被授予专利权。但是，如果是首次从自然界分离或提取出来的基因或 DNA 片段，其碱基序列在现有技术中不曾

---

❶ DUNBAR, C E, HIGH K A, JOUNG J K, et al. Gene therapy comes of age[J]. Science, 2018, 359（6372）：4672.

记载，并能被确切地表征，且在产业上有利用价值，那么该基因或 DNA 片段本身及其得到方法就属于可以给予专利保护的客体。

第二类，基因方法专利，包括基因片段制备方法，如基因专利分离、提纯的制备方法；以及针对基因序列的技术方法，如基因测序，基因治疗等。需要特别注意的是，对于通过基因工程重组 DNA 技术等生物学方法得到的转基因动物或植物，根据专利法规定，不能被授予专利权。

二、基因序列的专利适格性争论

（一）分离基因序列的专利适格性

有关分离基因的专利适格性（patent eligibility）的争论由来已久。支持方认为分离基因与天然基因具有明显不同。化学属性上，天然 DNA 分子由化学键连接在一起，与组蛋白结合形成染色质；分离特定基因需要切断化学键，创造自然界不存在的基因片段。应用属性上，分离基因具备大量天然基因没有的功能，可以广泛应用于基因检测和基因治疗，如作为探针进行基因检测，作为目标基因通过基因工程生产融合蛋白等。支持方承认基因精确位置以及核苷酸序列属于科学发现的范畴，但认为将基因分离出来，并指明特定工业用途，应当视为一种发明，具有专利适格性。目前，大部分国家对分离基因专利采取支持态度。根据中国专利法和专利审查指南的规定，天然存在的基因被视为"自然发现"，不能被授予专利权。但是，如果是首次分离，碱基序列是首次被记载并且能够明确表征，同时具有产业利用价值的，则该基因可以获得专利保护。欧盟《关于生物技术发明的法律保护指令》❶也有类似规定。

反对方则认为人类基因本质上属于"科学发现"。人类基因并非是人类凭空创造的产物，而是一种天然产物。例如，在 Myriad 案中，美国联盟

---

❶ Directive 98/44/EC of the European Parliament and of the Council of 6 July 1998 on the legal protection of biotechnological inventions.

最高法院认为，Myriad 公司只是揭示出 BARC1 的精确位置和核苷酸序列，分离基因本质上是一种科学发现。❶ 澳大利亚高等法院则认为，从信息属性来看，分离基因和天然基因在本质上没有区别，因为其中承载的遗传信息并非人为创造。❷ 因此，对分离基因的专利适格性，美国联邦最高法院和澳大利亚高等法院均持反对态度。

根据美国和澳大利亚 Myriad 公司分离基因专利的态度可以发现，对于分离基因是否具有专利适格性的判断主要是从基因的化学属性、信息属性以及功能效用出发，将分离基因与天然基因加以比较，找出两者之间的相同点（或相似性）和区别，从而判断分离出的基因序列是属于人为发明，还是科学发现。

首先，分离基因与天然基因在化学属性上不具有明显差别。在美国 Myriad 案中，美国联邦巡回上诉法院（Court of Appeals for the Federal Circuit，CAFC）的劳里（Lourie）法官认为，人类细胞核中所有 DNA 分子是连续，必须要切断 DNA 片段两端的共价键（covalent bonds），才能将特定基因分离出来。这样的化学属性变化创造了自然界不存在的分离出的基因片段。❸ 该观点并未得到 Myriad 案中 CAFC 另外两位法官的支持，布赖森（Bryson）法官明确反对，他认为化学键的断裂并没有创造新物质，因为分离基因与自然界中基因的核苷酸序列相同，化学键差异相对序列差异不具备显著性。同时，切断化学键的步骤不具有创造性。在澳大利亚 Myriad 案中，澳大利亚联邦高等法院在判决中列举了从患者细胞分离的 DNA 可用于多种用途，包括合成重组蛋白、基因治疗以及作为探针（probe）检测特定基因是否存在于患者体内。这些功能的实现主要依赖于基因的信息属性，即 DNA 中包含的遗传信息。换言之，如果已知核苷酸序列，体

---

❶ Assoc. for Molecular Pathology v. Myriad Genetics，Inc.，133 S.Ct. 2107（2013）.

❷ D'Arcy v Myriad Genetics Inc［2015］HCA 35.

❸ Ass'n for Molecular Pathology v. U.S. Patent & Trademark Office，653 F.3d 1329（2011）.

外合成的 DNA 具有同样的功能。❶

其次，分离基因不适合被当作化合物。支持基因序列专利的观点认为，分离基因属于化合物（chemical compound），强调分离基因和天然基因在化学属性与应用功效上的区别。但是，分离基因并不适合被当作天然化学物质。具有一个或多个已确定的突变或多态性的分离核酸是化合物，但是，由于上述一种或多种变化，专利申请人不可能记录通过分离个体核酸而可能产生的所有化合物（或产物）。在澳大利亚 Myriad 案中，Myriad 公司承认，专利所要求保护的是数量极多的（extremely wide number）化合物，其中化合物分子式将根据提取的序列数而变化，但每个化合物仍然包含一种或多种特定的突变或多态性。❷这就意味着，专利申请人不可能通过参考要求保护一般化合物的方式来描绘分离基因（这种化合物）的边界。

最后，专利保护范围应当要回归权利要求本身，由权利要求的撰写内容决定。针对基因序列的权利要求一般写法为"权利要求 1：一种编码 XXX 多肽的分离 DNA，所述多肽序列具有 XXX 的氨基酸序列"。基于上述权利要求，进一步作出限定，如"权利要求 1 中的分离的 DNA，其中所述 DNA 具有 XXX 的核苷酸序列"。可见，权利要求往往以基因序列的形式表达出来，并非以 DNA 的化学结构式或者分子式表达，也没有依赖特定 DNA 片段分离所产生的化学变化。可以理解为，专利申请人的初衷是保护基因序列中的信息，并非 DNA 分子本身，而申请人主张保护的基因序列所包含的信息与自然基因并无不同。

（二）其他基因序列的专利适格性

在 Myriad 案中，美国联邦最高法院与澳大利亚高等法院均对分离基因的专利适格性采取否定态度，但是，在 cDNA 专利适格性问题上，两者态度并不一致。

---

❶❷ D'Arcy v Myriad Genetics Inc [2015] HCA 35.

美国联邦最高法院认为，cDNA 是被合成出来的，不是天然存在的物质，除了短链 cDNA，绝大部分 cDNA 具有专利适格性。❶ 在 Myriad 案之后，2014 年 3 月，美国专利商标局（United States Patent and Trademark Office，USPTO）发布《确定涉及自然法则、自然现象和自然产品的物体的专利适格性问题指南》，进一步明确如何理解《美国专利法》第 101 条。❷该指南指出，cDNA 不一定具备专利适格性，应该根据核苷酸序列具体情况具体分析。判断标准是，所要求保护的核苷酸序列是否与天然序列具有结构上的显著不同（markedly different in structure）。但是，该指南并未给出更明确的标准，即到底什么情况属于"显著不同"？是否只要剔除内含子即为"显著不同"？因此，对于 cDNA 是否具有专利适格性仍然存在不确定性。

澳大利亚高等法院则认为，尽管 cDNA 是人工合成的，但由于复制了自然产生的外显子序列，即 cDNA 表达的也是自然界基因中外显子的信息，因此，cDNA 也不具有专利适格性。❸ 在 Myriad 案终审判决之后，澳大利亚知识产权局迅速在 2015 年 12 月发布更改的审查标准，表示 Myriad 案的终审判决结果立即适用于未决专利申请❹；随后，于 2016 年 1 月 11日对《专利实践与程序手册》（*Patent Manual of Practice & Procedure*）进行修改《专利实践与程序手册》，明确表示排除分离的天然核酸分子作为保护客体，如果仅复制自然界的遗传信息，如 cDNA、探针、引物和干扰核酸等物质也均被排除。如果基于"人为制造"的遗传信息，如嵌合基因（non-naturally occurring chimeric nucleic acid），则可能具备专利适格性。

---

❶ Assoc. for Molecular Pathology v. Myriad Genetics，Inc.，133 S.Ct. 2107（2013）.

❷ USPTO. Guidance For Determining Subject Matter Eligibility Of Claims Reciting Or Involving Laws of Nature，Natural Phenomena，& Natural Products. March 4，2014.

❸ D'Arcy v Myriad Genetics Inc [2015] HCA 35.

❹ Australian Patent Office. Examination practice following the High Court decision in D'Arcy v. Myriad Genetics Inc. 2015.

（三）专利适格性对基因产业的影响

专利适格性确定了受专利法保护的客体范围，对新兴科技产业发展尤为重要。尽管 Myriad 公司在欧洲的专利也受到挑战，但是欧洲专利局并未改变对分离基因序列专利适格性的判断，而是通过对适用现有专利法规则，如优先权原则等，解决了原有 Myriad 公司专利保护范围过宽的问题，在对相关专利权利要求保护范围进行缩减后，仍然保持专利有效性。可见，欧洲专利局在基因专利适格性问题上采取了相对中立的态度，一方面，保护了欧洲本地基因检测机构的利益，维护了相关公众的诉求；另一方面，继续支持分离基因序列的专利保护，但是反对过于宽泛的保护范围。这种相对中立的态度有助于在保护产业创新与维护公共利益之前寻求某种平衡。

事实上，美国对分离基因序列专利适格性的态度也随着产业发展而变化。美国首个基因专利的授予得益于美国联邦最高法院 1980 年 Diamond 案的判决。❶ 该案中，科学家通过基因工程将四种质粒转入细菌，使细菌具备分解原油某些物质的能力。美国联邦最高法院认为，人造微生物是非自然的、人类制造的、具有独特性质的产品，因此具有专利适格性。该案所阐释的"阳光之下任何人造之物"（anything under the sun that is made by man）都能获得专利的规则，在此后生物技术类案件中被频频引用。由此，成为专利保护范围扩张的开端，此后美国开始授予基因专利。

19 世纪 90 年代末至 20 世纪初，得益于人类基因组计划，基因相关专利数量骤增。2005 年《科学》杂志上，有论文称 20% 的人类基因序列已经获得专利，而某些与健康和疾病相关的基因的专利申请量更是高达平均量的 20 倍。❷ 对基因的专利保护，极大促进了生物科技领域的投资与研

---

❶ Diamond v. Chakrabarty, 447 U.S. 303, 309, 100 S.Ct. 2204, 65 L.Ed.2d 144（1980）.

❷ JENSEN K, MURRAY F. Intellectual property landscape of the human genome［J］. Science, 2005, 310（5746）: 239–240.

发，让美国在该领域占据先发优势和龙头地位。与此同时，基因资源有限性以及过于宽泛的保护范围也开始带来负面影响，如阻碍基因科技产业上游的科研机构研究，增加下游创新者利用基因技术的成本，并最终限制相关疾病患者寻求基因诊断和基因治疗的自由。

Myriad 案就出现了专利权人一方面向产业上下游收取高昂的专利许可费，另一方面凭借垄断地位向患者收取高价费用的情况。正因此，在美国、欧洲和澳洲希望将 Myriad 公司相关基因专利无效掉的原告或申请人中，不仅有基因科技产业的专业人士、非营利性的科研协会，还有乳腺癌患者、癌症患者组织等。由此可见，基因专利适格性对整个基因科技产业及利益相关方有着重要影响。

在 Myriad 案后，美国收紧对基因序列专利的授权，企图重新平衡各方利益。Myriad 案让法律和政策制定者重新审视基因专利保护的范围。专利保护的意义在于促进创新，对分离基因序列等生物科技领域基本科研方法授予专利，可能会带来抑制创新的危险。知识产权系统由法律、商业和政府实践以及管理知识产权的机构共同组成。基因专利制度不仅仅是技术问题，同时对医疗保健、生物技术产业和公共健康都有重大影响。在理解知识产权对各种社会经济的影响和效力时需要考虑制度与机构在运作中的关系。❶

三、基因科技领域专利的创造性判断

（一）美国专利法创造性判断标准

1. Graham 四要素

《美国专利法》第 102 条、第 103 条分别从反面对发明专利的新颖性和创造性（即非显而易见性）要求作出规定。以申请日为判断基点，如果发明与任何现有技术（prior art）相同，则不具有新颖性（novelty）；如果

---

❶ GOLD E R，CARBONE J. Myriad genetics：In the eye of the policy storm [J]. Genetics in Medicine，2010，12（4 Suppl）：S39–70.

发明作为一个整体的技术方案，与现有技术之间的差异对本领域的一般技术人员（a person having ordinary skill in the art）而言是显然的（obvious），则不具有非显而易见性（non-obvious）。

1966 年，美国联邦最高法院在 Graham 案 ❶ 中对《美国专利法》第 103 条的非显而易见性进行分析，由此确立了对非显而易见性分析准则，此后被专利律师称为 Graham 要素。美国联邦最高法院认为，对所有非显而易见性的分析都必须考虑以下四方面因素：①现有技术的范围和内容（the scope and content of prior art）；②现有技术与权利要求之间的差异（the differences between the prior art and the claims at issue）；③本领域普通技术人员的水平（a person reasonably skilled in that art）；④非显而易见性的客观考虑。

2. TSM（教导、建议、动机）测试

之后，CAFC 开始采用教导、建议或者动机测试（Teaching, Suggestion, or Motivation Test，简称 TSM 测试），为非显而易见性审查提供指导。在 McGinley 案中 ❷，CAFC 指出，判断显而易见性时，关键要清楚技术对比文献的教导是什么、技术对比文献是否教导将这些文献相结合。根据 TSM 测试，结合现有技术对比文件而作出的关于非显而易见性的判断，必须存在作出所要求保护的结合的教导、建议或动机。不能仅仅是将不同对比文件中不相关的公开内容结合起来，而没有证据证明有原因或有动机这么做。之所以要提出 TSM 测试要求，是为了避免在进行非显而易见性分析时采用"事后诸葛亮"（hindsight）的做法。❸

3."显而易见的尝试"标准

2007 年，美国联邦最高法院在 KSR 案中再次对《美国专利法》第 103 条所规定的非显而易见性进行诠释，这也是继 Graham 案后最高法院首次

---

❶ Graham v. John Deere Co., 383 U.S. 1（1966）.

❷ McGinley v. Franklin Sports, Inc., 262 F.3d 1339（Fed. Cir. 2001）.

❸ J. M. 穆勒. 专利法 [M]. 3 版. 沈超, 李华, 吴晓辉, 等, 译. 北京: 知识产权出版社, 2013: 203.

涉及这个问题。在 KSR 案中，原告泰利福（Teleflex）公司起诉被告 KSR 公司侵犯其电子传感器的专利权。被告辩称，原告的专利是无效的，因为其发明针对现有技术的改进是显而易见的。泰利福公司要求保护的发明为加速器踏板和电子位置传感器的组合，美国联邦巡回上诉法院利用 TSM 测试，认为该发明具有非显而易见性。但是，美国联邦最高法院认为 CAFC 使用的 TSM 测试是僵化的方式（rigid approach），强调应当采取更加灵活多样的方式（an expansive and flexible approach）进行显而易见性的判断。美国联邦最高法院指出，仅通过证明要素的组合具有显而易见性，不能证明专利申请是显而易见的。要证明专利申请具有显而易见性，必须还满足以下条件：①存在解决问题的设计需求（design need）或市场压力（market pressure）；②有数量有限的、确定的、可预测的解决方案（a finite number of identified, predictable solutions）；③普通技术人员有充分的理由根据自身所掌握的技术在已知的解决方案中作出选择。如果能够满足上述条件，则证明申请并非创新的产品，而只是普通技能和常识。❶ 可见，相对于 TSM 测试，美国联邦最高法院在 KSR 案中采用了一种更为灵活的"显而易见的尝试"（obvious to try）标准，侧重于从有限数量的、已确定且可预测的解决方案中进行选择，并对该方案成功解决问题有合理的期望。

（二）生物技术领域创造性判断标准

由于 KSR 案所涉及发明属于机械电子领域，一般认为 KSR 案所代表的对非显而易见性的判断标准不一定适用于生物技术领域。2009 年，CAFC 审理的 Kubin 案改变了这一观点。在 Kubin 案中 ❷，库宾（Marek Kubin）和古德温（Raymond Goodwin）对编码蛋白质的 DNA 分子的分离和测序申请专利，该蛋白质被称为 NAIL。美国专利上诉与争议委员会（Board of Patent Appeals and Interferences, BPAI）拒绝了 Kubin 的申请，认

---

❶ KSR International Co. v. Teleflex Inc., 127 S. Ct. 1727（2007）.

❷ In re Kubin, 561 F.3d 1351（Fed. Cir. 2009）.

为瓦里安特（Valiante）和萨姆布鲁克（Sambrook）之前的专利使得 Kubin 的发现是显而易见。BPAI 指出，瓦里安特之前的专利中披露了 p38 蛋白质，p38 蛋白质与 NAIL 蛋白质是一样的，瓦里安特对 p38 多肽的披露以及分离其 DNA 的详细方法，确立了瓦里安特对 p38 氨基酸序列拥有权利，并为成功获得编码 p38 的多核苷酸（即库宾申请专利的多核苷酸）提供了合理的期待。另外，库宾使用了萨姆布鲁克在《分子克隆实验室手册》中所描述的传统技术来进行基因分离和测序。因此，BPAI 认为 NAIL cDNA 不能被授予专利权。CAFC 在审理中肯定了 BPAI 的决定，认为现有技术（the prior art）提供了获得 NAIL cDNA 的合理的成功预期（reasonable expectation of success），因而该发明是显而易见的。Kubin 案也意味着，如果蛋白质是已知的，其 DNA 序列则可能因为显而易见性而丧失可专利性。

2018 年美国 CRISPR/Cas9 案❶的主要争议焦点在于，加州大学与博德研究所的专利主题之间是否存在显而易见性。如果不存在显而易见性，则两项专利不存在冲突；如果存在显而易见性，则属于法律意义上的"同一专利主题（same patentable subject matter）"或"同一发明（same invention）"，就需要进一步判断谁是第一发明人。因此，该案主要涉及专利的创造性判断，即非显而易见性（obviousness）判断。

加州大学认为，专利审查与上诉委员会（Patent Trial and Appeal Board, PTAB）在显而易见的判定中采取比 TSM 测试更加狭隘的标准，即需要现有技术描述中包括具体指导（specific instructions）来建立合理的成功期望才能视为显而易见，显然与 KSR 案和 Kubin 案强调的灵活的显而易见性测试的先例不符。CAFC 否认这种看法，认为博德研究所分析了类似的从原核到真核进行迁移的生物系统（生物核糖开关、核糖酶表达系统和 II 组内含子），事实证明，简单常规手段的组合以及过往的失败案例都说明 CRISPR/Cas9 在哺乳动物细胞中不存在成功的合理期待。另外，同时期成功的发明不能作为具有成功期待的佐证，只能说明存在某种激励促使技术

---

❶ Regents of University of California v. Broad Institute Inc., 903 F.3d 1286.

人员进行尝试。

从 KSR 案到 Kubin 案，再到 CRISPR/Cas9 案，可以看出美国对生物科技领域非显而易见性的判断标准的变化。在 Kubin 案之前，针对生物技术发明的非显而易见性判断较为宽松，这是由生物技术的"不可预知性"（unpredictable art）特点决定的。生物体内部环境的复杂性决定了分子生物学的进步很少是简单常识的复制结果，生物技术知识的迁移和应用相较于机械、化学领域具有更明显的不可预测性。Kubin 案表明，生物技术领域也开始适用 KSR 案中确立的更为灵活的"显而易见的尝试"标准（"obvious to try"doctrine），原因在于生物技术（包括基因技术）经过 60 年发展，普通技术人员的水平得到提升，已经积累了一些常规的研究手段和方法。Kubin 案让业界对生物技术的授权前景感到担忧。

事实上，Kubin 案中"显而易见性的尝试"标准仍然为基因专利保留了空间。在 CRISPR/Cas9 案中，为了证明具有"可预测的解决方案"和"成功的合理期待"，加州大学提供了相应的证据。加州大学在给 CAFC 的上诉书中列举了一般技术人员解决从原核细胞到真核细胞迁移的常用方法，然而，CAFC 仍然视其为一般的指导方法（a common set of instructions），以缺乏成功的合理期待予以否决。同时，加州大学又提供了同时期另外两种真核细胞 DNA 切割（ZFN）和基因组编辑（TALEN）的最新技术，却还是没让 CAFC 相信成功地使用 ZFN 和 TALEN 就能使本领域技术人员合理地期望 CRISPR/Cas9 也能成功地用于真核细胞。换言之，在 CRISPR/Cas9 案中，CAFC 更倾向于认为生物技术领域的知识迁移是不可预测的，因而对非显而易见性的判断并没有想象中的严苛。非显而易见性（创造性）的判断具有一定的主观性，机械性的判断标准并不适用。从上述案件的发展分析，美国法院仍然保持对基因专利较为宽松的创造性判断标准。

（三）中国首例生物基因药物专利案及影响

2019 年 12 月，最高人民法院知识产权法庭对首例生物基因技术药物专利行政案件作出判决，该案所涉及的发明专利申请属于单克隆抗体基因技术（monoclonal antibody technique）领域。单克隆抗体技术的出现是免疫学领域的重大突破，发明该技术的两位英国科学家因此获得 1984 年诺贝尔医学奖。单克隆抗体药物主要作为抗肿瘤、自身免疫性疾病治疗药剂，在生物制药技术中占有重要地位，并成为国际制药业争夺的焦点。

2005 年 7 月，鹿特丹医学中心与克雷格先生向中国国家知识产权局提起一项名称为"结合分子"的发明专利申请。该专利申请的技术方案可简单理解为：一种利用人的天然的 V 基因片段，通过转基因技术在小鼠体内生产小型化抗体的方法。对比文件公开的是利用骆驼化的 V 基因片段生产抗体的方法。经实质审查，2015 年 10 月，国家知识产权局驳回上述申请。2016 年 1 月，申请人提出复审请求并修改了其权利要求。国家知识产权局复审后，2017 年 3 月作出维持原驳回的决定。国家知识产权局认为，在对比文件的基础上结合本领域的常规基因工程试验手段即可获得本申请的合理成功预期，且出于降低抗体免疫原性、提高人体安全性和治疗效果的考虑，本领域技术人员有动机以人的天然的 V 基因片段生产小型化仅有重链的抗体，该申请不具有创造性。[1]申请人不服，向北京知识产权法院提起行政诉讼。

北京知识产权法院经审理后认为，对比文件未公开使用了人源的 V 基因片段制造抗体的方法。在以实验科学为基础的生物制药领域，即使在努力的方向已经明确的情况下，仍需要本领域普通技术人员付出相当大的智力劳动，才能克服种种难以预料的困难以取得技术上的进步。不能仅因为努力的方向对于本领域普通技术人员而言是明确的，就认为在此方向上取得的研究成果就是显而易见的，没有创造性。北京知识产权法院判决，撤销被诉决定，要求国家知识产权局重新作出审查决定。国家知识产权局不服，向最高人民法院提起上诉。[2]

---

[1] 国家知识产权局专利复审委员会第 121386 号复审请求审查决定。

[2] 伊拉兹马斯大学鹿特丹医学中心与国家知识产权局专利行政诉讼案，北京知识产权法院（2017）京 73 行初 5497 号。

最高人民法院知识产权法庭经审理认为，虽然对比文件给出了使用骆驼化 V 基因片段形成单重链抗体的方法，且本领域确实存在降低抗体免疫原性、提高治疗效果的需求，但是基于现有认知，本领域普通技术人员难以有动机以"源自人的天然存在的 V 基因片段"替代"骆驼化 V 基因片段"制备相应的抗体。该申请没有囿于天然人的仅重链的抗体会发生黏着和聚集的认知，使用天然人的 V 基因片段生产仅重链的抗体，具有创造性。被诉决定在评估对比文件的启示时，脱离了申请日前本领域普通技术人员的认知，低估了该申请的创造性。因此，驳回国家知识产权局的上诉请求，维持北京知识产权法院原审判决。[1]

最高人民法院的终审判决中特别指出，面对所要解决的客观的技术问题，本领域普通技术人员从现有技术中可以获知的启示原则上应该是具体、明确的技术手段，而不是抽象的想法或者一般的研究方向。仅仅依据研究方向的一致性和本领域的抽象、普遍需求来认定现有技术给出的启示，隐含着"后见之明"的危险，容易低估发明的创造性。为避免这种"后见之明"，必须全面、谨慎、现实地评估，面对本申请所要解决的问题，本领域普通技术人员基于其所认知的全部现有技术，是否能够容易地得出本申请的技术方案。这一判决对于厘清创造性判断法律标准、避免"后见之明"的思维误区、充分尊重专利申请的实质贡献具有重要意义，对于保护生物科技领域的创新也将产生深远影响。

四、基因诊断面临的专利保护挑战

（一）中国胎儿基因组测序专利案及影响

我国《专利法》第 25 条明确排除"疾病的诊断和治疗方法"作为专利权客体，其中也包括基因相关的诊断方法。但是，用于实施疾病诊断和

---

[1] 国家知识产权局与伊拉兹马斯大学鹿特丹医学中心专利行政诉讼案，最高人民法院（2019）最高法知行终 127 号。

治疗方法的仪器或装置，以及在疾病诊断和治疗方法中使用的物质或材料属于可被授予专利权的客体。2018 年胎儿基因组测序专利案引发关注，主要原因在于涉案专利将基因诊断方法采用计算机程序模块加以专利保护，并获得了北京知识产权法院的支持。

涉案专利申请人为香港中文大学，发明专利名称为"利用基因组测序诊断胎儿染色体非整倍性"（申请号：CN200880108377.1），要求保护一种用于分析从孕妇个体获得的生物样品中的无细胞的核酸分子的计算机系统，即通过从孕妇体内获取的生物样品，判断是否存在胎儿染色体失衡。经实质审查，国家知识产权局专利审查部门以权利要求不具备《专利法》第 22 条规定的创造性为由，驳回申请。香港中文大学对驳回决定不服，向专利复审委员会提出复审请求，同时对权利要求进行修改。原审查部门在前置审查中坚持驳回决定。

专利复审委员会在对案件审理后认为，该发明应当理解为通过计算机程序实现解决方案的功能模块，并非通过硬件实现解决方案的实体装置。因此，申请人请求保护的是计算机程序流程的方法步骤，属于方法权利要求的范畴。该方法分析、处理来自孕妇个体生物样品的被测序的标签数据后，可以判断孕妇体内的胎儿是否存在异常，可见该方法以有生命的人体为对象，以获得健康状况为直接目的，因此，该方法属于《专利法》第 25 条规定的疾病诊断方法，不能被授予专利权。❶ 香港中文大学不服复审请求审查决定，向北京知识产权法院提起专利行政诉讼。

北京知识产权法院认为，其一，权利要求的类型由其主题名称确定，写在权利要求的前序部分。涉案专利权利要求 1 的主题名称为"用于分析从孕妇个体获得的生物样品中的无细胞的核酸分子的计算机系统"，即已明确表明所要求保护的是"计算机系统"；其二，一组程序模块限定的装置权利要求，即"程序模块"，不应理解为方法权利要求。涉案专利申请的权利要求 1~15 均为以计算机程序流程为依据的功能模块构架，属于产

---

❶ 国家知识产权局专利复审委员会第 116200 号复审请求审查决定。

品权利要求，而非方法权利要求，不能被排除在专利法可被授权的客体之外。因此，撤销专利复审委员会的审查决定，并令对涉案专利申请所提出的复审请求重新作出决定。❶

（二）以计算机程序实现疾病诊断的专利问题

疾病的诊断和治疗方法，是指以有生命的人体或者动物体为直接实施对象，进行识别、确定或消除病因或病灶的过程。这类方法直接以有生命的人体或动物体为实施对象，无法在产业上利用。另外，出于人道主义和社会伦理的考虑，同时为了保障医生在诊断和治疗过程中有选择合适诊疗方法的自由，《专利法》第 25 条第 1 款第（三）项明确排除"疾病的诊断和治疗方法"作为专利权客体。因此，疾病的诊断和治疗方法不能被授予专利权（排除的范围是方法专利），但是，用于实施疾病诊断和治疗方法的仪器或装置，以及疾病诊断和治疗方法中使用的物质或材料属于可被授予专利权的客体。

涉及计算机程序的发明专利申请可以写成方法权利要求，也可以写成产品权利要求。如果写成产品权利要求，需要在权利要求中记载该产品的组成部分、各组成部分实现的功能以及各组成部分之间的关系，并详细描述该计算机程序的各项功能是由哪些组成部分完成以及如何完成这些功能。当计算机程序的发明专利申请涉及疾病的诊断和治疗方法时，如何撰写和理解权利要求，是方法还是产品，就成为该专利申请是否属于专利权客体的关键。

国家知识产权局对于通过计算机实施"疾病的诊断和治疗方法"的专利授权一直持审慎态度。程序模块限定的产品权利要求被认为本质上与方法的技术方案同源，保护范围没有实质性变化。在专利审查中，通过计算机程序实现解决方案的程序模块通常不被视为实体装置。因此，这类权利

---

❶ 香港中文大学与国家知识产权局专利复审委员会专利行政诉讼案，北京知识产权法院（2017）京 73 行初 3261 号。

要求被认为本质上属于疾病诊断和治疗方法。基于上述观点，国家知识产权局驳回了多项专利申请，包括 2018 年胎儿基因组测序专利案中香港中文大学的专利申请。

然而，北京知识产权法院对此持有不同的态度。对香港中文大学提出的权利要求主题名称为"用于分析从孕妇个体获得的生物样品中的无细胞的核酸分子的计算机系统"的专利申请，北京知识产权法院认为，计算机系统（即程序模块）不应当被理解为方法权利要求，因此，该发明不是"疾病的诊断和治疗方法"，属于专利权保护的客体。

事实上，在 2015 年的低血糖症检测信号专利案中，国家知识产权局和北京知识产权法院就曾有过交锋。[1] 在该案中，专利申请人海博安有限公司（简称"海博安公司"）要求保护的"一种用于分析 EEG 信号以在其中检测指示低血糖症的特征的设备"，国家知识产权局实质审查部门以涉案申请权利要求不符合中国《专利法》第 25 条第 1 款第（三）项的规定为理由驳回涉案专利申请。海博安公司不服，向专利复审委员会提出了复审请求。专利复审委员会认为，权利要求请求保护的"设备"是由计算机实现的"功能模块"，并不是实体装置。同时，权利要求中处理的 EEG 信号采集自有生命的人体，经处理后输出的结果是该人体是否出现低血糖症，即其是以有生命的人体为对象，以获得疾病诊断结果或健康状况为直接目的的，故属于中国《专利法》所规定的不能授予专利权的诊断方法。[2] 海博安公司不服，起诉至北京知识产权法院。在诉讼过程中，海博安公司向法院补充提交了涉案专利申请在日本和欧洲的同族专利申请的授权文本，用以证明相关疾病的诊断装置在日本和欧洲均已获得授权。北京知识产权法院在审理后认为，涉案专利保护的是疾病的诊断装置，因为《专利审查指南（2010）》未将该类产品权利要求视为方法权利要求，应当仅关注权利要求的保护类型，不需考虑方法和产品权利要求的同源性的问题。

---

[1] 海博安有限公司与国家知识产权局专利复审委员会专利行政诉讼案，北京知识产权法院（2015）京知行初字第 6705 号。

[2] 国家知识产权局专利复审委员会第 92140 号复审请求审查决定，2015-06-24.

因此，北京知识产权法院判令撤销专利复审委员会的被诉决定。案件双方均为上诉，2018 年 10 月专利复审委员会撤销了 2013 年对涉案专利申请作出的驳回决定，由原审查部门继续该专利的实质审查。❶

（三）人工智能时代的基因诊断及专利保护

《专利审查指南 2010》第 4.3.1 部分明确定义了诊断方法，只有同时满足对实施对象和实施目的的要求才被认为是诊断方法。实施对象是以有生命的人体或动物体为对象；实施的直接目的是获得疾病诊断结果或健康状况。该指南列举了"基因筛查诊断法"的发明作为不能授予专利权的例子。

那么，以计算机程序实现的"疾病诊断和治疗方法"是否属于《专利法》第 25 条第 1 款第（三）项的范畴？

从实施对象看，通过计算机程序实现的医疗方案的实施对象依然是有生命的人体，这一点是难以规避的。《专利审查指南（2010）》也规定，即使直接对象是唾液、毛发等离体样品，但只要以获得同一主体健康状况为直接目的，也不能授予专利权。然而，如果是通过离体样品获得群体的一般性规律则可以授予专利权。但是，这又与基于基因组学的精准医疗理念背道而驰。从实施目的看，对"直接目的"的理解是最主要的争议点。如果某种诊断方法只能获取中间信息，且这些中间信息不能明确指向疾病的诊断结果，则认为是不以获得疾病诊断结果为直接目的，可以授予专利权。这就意味着，通过计算机程序实现的医疗方案能否被授予专利权，取决于其是作为一种医疗辅助手段，还是作为诊疗手段。

目前，已经很少有医生仅通过临床经验进行疾病诊断和治疗，通常都需要通过辅助手段获取形体参数、生理参数或其他参数等信息，根据上述相关信息进行疾病诊疗。这些信息大致可以分为两类：第一类信息与相关疾病具有高度相关性，一旦通过检测获得该信息，就能直接得出相关疾病

---

❶ 国家知识产权局专利复审委员会第 165297 号复审请求审查决定，2018-10-19.

的诊断结果，第二类信息与相关疾病具有相关性，但是单凭该信息并不能得出某种疾病的诊断结果。对于可以得出第一类信息的诊断方法，就属于《专利法》中规定的疾病诊断方法，被排除在专利权客体之外。对于可以得出第二类信息的诊断方法，由于需要医生针对病人的情况进行综合判断，因此属于辅助手段，不能归入《专利法》中的疾病诊断方法。从疾病的致病机理分析，很少因单个基因缺陷导致某种疾病，通常的致病原因是多基因或基因与环境相互作用导致，因此，属于医疗辅助手段的情况更为常见。

随着人工智能在疾病预防、诊断和治疗领域的应用，其知识储备远远超越普通医生，相关算法不断优化，疾病诊断和治疗的判断能力和决策能力进一步增强，这也导致人工智能与医生的界限会更加模糊。以 IBM 公司的超级电脑沃森（Watson）为例，沃森在 2012 年通过了美国职业医师资格考试，在与印度马尼帕尔医院的合作中，沃森的自主治疗建议与该医院的肿瘤专家推荐的方案重合度达到 90%。可以预见，在不久的未来，医生的自主决策空间将被进一步压缩，人工智能将替代医生直接为病人提供诊断结果以及最佳治疗方案。根据上述对《专利法》第 25 条的理解，人工智能在医疗领域的此类应用将属于疾病诊断和治疗方法，无法获得专利法保护。

各国对疾病诊断和治疗方法是否适用专利保护持有不同态度。总体而言，美国对专利权客体采取较为宽松的态度，疾病诊断和治疗方法属于可专利客体。在提供专利保护的同时，1966 年，美国国会在《美国专利法》中增加了一个条款，使得部分疾病诊断和治疗方法专利在本质上变得无效。根据《美国专利法》第 287 条（c）款规定，执业医生（medical practitioner）和卫生保健机构（health care entity）在医疗活动（medical activity）中使用医疗和外科手术方法专利可以获得免责。需要注意的是，免责条款仅限于在身体上进行的医疗或外科手术方法（a medical or surgical procedure on a body），排除了以下情况：（1）以侵犯专利权的方式使用受专利保护的机器、制造物和物质组合；（2）以侵犯专利权的方式实施受专利保护的物质组合的用途；（3）以侵犯专利权的方式实施生物技术专利（biotechnology patent）方法。基于此，基因诊断和治疗方法在美国是专利权保护的客体。

值得关注的是，在近年美国的案例中，部分诊断方法同样面临着《美国专利法》第 101 条专利适格性问题的挑战。在 2012 年美国 Mayo 案 ❶ 中，美国联邦最高法院认为，药物代谢物浓度与给药剂量之间的关系属于自然法则，因此涉案权利要求不具有专利适格性。由该案衍生的 Alice/Mayo 测试成为检验客体是否具有专利适格性的标准。2015 年美国 Sequenom 案 ❷ 中，CAFC 认为怀孕女性血液中含有胎儿游离 DNA（cffDNA）属于自然法则，专利权利要求中对 cffDNA 的扩增和检测等方法属于常规操作，因此不具备专利适格性。但是，该案中 CAFC 林恩法官却认为，Mayo 测试会阻碍对重要的发明提供专利保护。由此可见，基因诊断方法能否获得专利保护在美国依然存在争议。

在欧洲和日本，不接受疾病的诊断方法以及治疗方法作为专利客体，但接受以某种撰写形式撰写的权利要求。例如，日本接受"用途限定的组合物"的权利要求；欧洲接受瑞士型权利要求，写法为"某物质在某种疾病中的药物中的应用"❸。在 2015 年的低血糖症检测信号专利案中，专利申请人海博安公司就提交证据表明欧洲专利局和日本专利局已经接受了其设备权利要求并已授权。这也说明，即使在对诊疗方法的专利适格性持否定态度的国家或地区，对通过计算机程序实现的诊断方法仍旧持有开放的态度。

随着人工智能技术的飞速发展，需要重新认识和界定"疾病的诊断和治疗方法"的专利适格性，以便有效保护人工智能在医疗领域的技术创新。一方面，可以在专利审查中承认程序模块作为单独的产品权利要求；另一方面，在条件成熟时，考虑允许将基因诊断和治疗方法作为专利权客体，在专利授权的同时，对此类专利权进行限制，如增加侵权豁免、强制许可的适用条件等，用来平衡生物科技公司、医疗机构和患者等相关方的利益。

---

❶ Mayo Collaborative Services v. Prometheus Labs，132 S.Ct. 1289（2012）.

❷ Assoc. for Molecular Pathology v. Myriad Genetics，Inc.，133 S.Ct. at 2117（2013）.

❸ 牟萍，金庆微. 基因诊断与治疗方法的可专利性研究［J］.重庆理工大学学报（社会科学版），2015（6）：74-79.

第三章 深圳知识产权保护的实践与反思

本章重点探讨深圳知识产权保护的实践及其反思,包括通过对北京、上海、广州和深圳四地的司法大数据分析,总结深圳知识产权司法保护的特点,讨论深圳如何构建最严格知识产权保护制度;在中美贸易战的背景下,对深圳市知识产权保护工作现状进行梳理,讨论深圳如何完善知识产权工作;以及对深圳市建立知识产权信用监管机制、惩罚性赔偿制度方面的探索和知识产权证券化实践展开分析。

第一节 深圳如何构建最严格的知识产权保护制度 *

深圳要构建最严格的知识产权保护制度,不仅要对深圳市知识产权司法保护现状有清晰的认识,同时还必须了解其他一线城市的情况。本节采用威科先行法律信息库,选取北京、上海、广州三地的知识产权法院和深圳市中级人民法院 2015~2018 年知识产权侵权纠纷、不正当竞争纠纷和反垄断纠纷三类案件,研究样本共计 9515 份判决书。以此为基础,对案件基本情况、当事人特征、法律要素、诉讼情况等 30 余项指标进行分析,呈现深圳知识产权司法保护现状。同时,对照北京、上海和广州三地的知识产权司法保护情况,总结深圳特点,提出相关政策建议。

---

* 本节由笔者与杜梦婷合作完成,在此表示感谢!

一、问题提出

2017 年 8 月，深圳市政府常务会议审议通过了《深圳市关于新形势下进一步加强知识产权保护的工作方案》，提出率先在全国建立最严格的知识产权保护制度的工作目标。在 2018 年 4 月的"博鳌亚洲论坛"开幕式上，习近平主席特别指出，加强知识产权保护是完善产权保护制度最重要的内容，也是提高中国经济竞争力最大的激励。要完善执法力量，加大执法力度，把违法成本显著提上去，把法律威慑作用充分发挥出来。❶

深圳要构建最严格知识产权保护制度，不仅要对深圳市知识产权司法保护现状有清晰的认识，同时还必须了解北京、上海、广州等一线城市的知识产权保护状况。也就是说，不仅要摸清家底，还要清楚深圳与其他一线城市相比在知识产权保护方面的特点，在此基础上才能为深圳构建最严格知识产权保护制度提供清晰的线路图。因此，本节研究在对北京、上海、广州和深圳四地知识产权裁判文书大数据分析的基础上，总结深圳在相关领域的特点，并以此为基础提出政策建议。同时，知识产权具有不同于其他财产权的政策性，特别是对于创新型国家建设而言，这种优势就表现为其所掌握的知识产权尽可能给予严格保护。

（一）样本来源

本节研究样本来源为"威科先行法律信息库"，法律文书类型限定为判决书。审理法院限定为北京知识产权法院、上海知识产权法院、广州知识产权法院❷和深圳市中级人民法院（以下简称"深圳中院"）。案件类型限定为知识产权侵权纠纷，包括著作权、商标权、专利权（发明专利、实用新型、外观设计）；不正当竞争纠纷，包括仿冒纠纷、侵害商业秘密纠

---

❶ 习近平. 开放共创繁荣 创新引领未来 [N]. 人民日报，2018-04-11（3）.

❷ 为表述方便，本节使用北京法院作为北京知识产权法院简称，上海法院作为上海知识产权法院简称，广州法院作为广州知识产权法院简称。

纷；反垄断纠纷，即滥用市场支配地位纠纷，共 3 大类，8 小类。鉴于北京、上海、广州三地知识产权法院均于 2014 年年底挂牌成立，故判决书日期选取为 2015 年 1 月 1 日至 2018 年 6 月 30 日。在筛除存在信息缺失的样本后，共计 9515 份判决书，其中一审判决书 3178 份、二审判决书 6333 份、再审判决书 4 份 ❶。

（二）数据处理

本节研究以 9515 份判决书为基础，数据处理包括文献阅读、算法学习及实验环境搭建、数据预处理（手工提取了 144 份判决书数据，作为后续模型搭建的基础）、数据提取、数据格式整理和数据修正补充等 6 个阶段，对案件基本情况、当事人特征、案件特征、案件赔偿额等 30 余项指标进行信息抽取，并在此基础上进行数据可视化处理。

关于数据提取和处理需要做以下三点说明：第一，因判决书上网时间不同，在不同时间点进行数据库检索的结果会存在差异。第二，文本信息抽取结果的精度在很大程度上依赖于分词系统、命名实体识别系统的设计以及文本的规范程度，由于字段的提取是基于既定的规则，当设计的规则无法涵盖所有可能性或者判决书文本不够规范时，可能出现遗漏、偏差；在基本字段提取完成后，数据修正和补充由手工整理完成，部分内容需要依据数据整理者的主观判断，因此可能存在一定的理解疏漏，但鉴于其有限性，并不构成本节研究的偏差或误差。第三，数据处理保留小数点后一位，由于四舍五入的原因，部分数据之和存在 0.1% 的误差。

（三）研究框架

研究主体分为四个部分：案件基本情况、当事人特征、案件法律要素和案件诉讼情况，其中重点考察了法院对知识产权权利人诉讼请求，特别是侵权赔偿金的支持情况。四部分均以深圳为基础，呈现深圳知识产权司

---

❶ 由最高人民法院指令深圳中院审理。

法保护现状；同时对照北京、上海和广州三地的知识产权司法保护情况，总结深圳特点，重点关注深圳的弱项，并以此为基础提出相关政策建议。

二、案件基本情况

（一）深圳特点

第一，深圳专利权侵权纠纷案件的数量以及在知识产权案件中的占比近几年显著增加。

深圳中院的知识产权案件量在北京、上海、广州和深圳四地法院中排名第三，高于上海知识产权法院，案件以著作权侵权纠纷案件和专利权侵权纠纷案件为主（图3-1）。

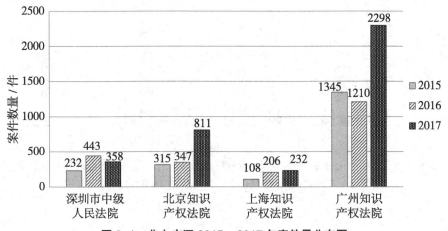

图3-1　北上广深2015—2017年案件量分布图

值得注意的是，从2015年1月1日至2018年6月30日间，深圳中院专利权侵权纠纷案件的数量以及在整体案件中的占比都有显著增加，2015年68件占比29.3%，2016年147件占比33.2%，2017年183件占比51.1%，2018年上半年77件占比51.3%（图3-2）。相比之下，北京和上海知识产权法院始终以著作权侵权纠纷案件为主；广州知识产权法院自2017年开始，著作权侵权纠纷案件的数量增长迅速，已远超专利权侵权纠纷案件，这一变化趋势在2018年更为显著（图3-3至图3-5）。

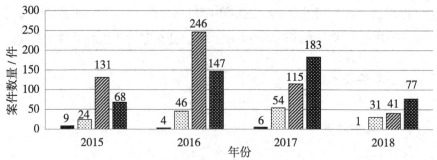

图 3-2 深圳市中级人民法院 2015.1.1 至 2018.6.30 案件分布图

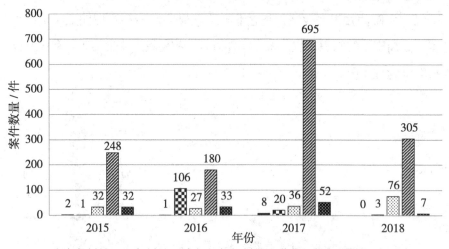

图 3-3 北京知识产权法院 2015.1.1 至 2018.6.30 案件分布图

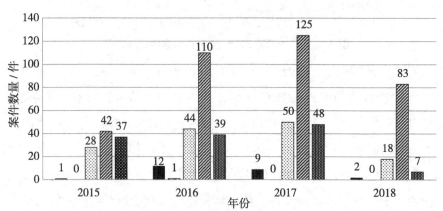

图 3-4 上海知识产权法院 2015.1.1 至 2018.6.30 案件分布图

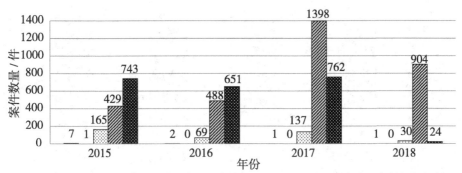

■不正当竞争纠纷 ▣垄断纠纷 □商标权侵权纠纷 ▨著作权侵权纠纷 ▨专利权侵权纠纷

图 3-5　广州知识产权法院 2015.1.1 至 2018.6.30 案件分布图

第二，深圳涉外专利权侵权纠纷案件较多，且深圳涉外知识产权案件中外方全部为原告。

北京、上海、广州和深圳四地法院受理涉外知识产权案件数量最多的为广州知识产权法院，涉外案件 130 件；涉外案件占总案件比例最高的为上海知识产权法院，占比 7.6%。深圳中院的涉外案件合计 51 件，占比 4.3%，在四地法院中涉外案件数量和占比均位列第二。

北京、上海、广州和深圳四地法院涉外案件中涉外国家以法国、美国和日本为主，涉外案件中以专利权侵权和商标权侵权纠纷案件为主，其中涉外专利权侵权纠纷案件占总涉外知识产权案件的 41.5%，商标权侵权纠纷案件占比 35.4%。深圳中院的涉外知识产权案件中，专利权侵权纠纷案件最多，占总涉外案件的 43.1%（图 3-7）。四地法院涉外知识产权案件中，96.0% 的案件外方为原告，深圳中院和广州知识产权法院的涉外案件中，外方全部为原告（图 3-6）。

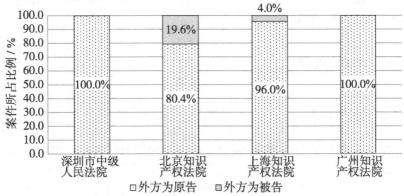

外方为原告 外方为被告

图 3-6　北上广深 2015.1.1 至 2018.6.30 涉外案件原被告分布图

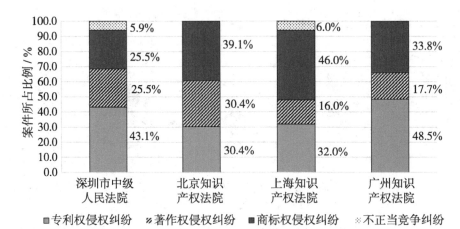

图 3-7　北上广深 2015.1.1 至 2018.6.30 涉外案件类型分布图

（二）启示建议

第一，在知识产权保护方面，要特别重视专利保护，重点开展专利保护专项工作。建议建立市、区两级的专利公共服务平台，提供部分免费的专利查询、侵权评估和维权咨询等基本服务。

第二，随着粤港澳大湾区建设和"一带一路"倡议的推进，深圳的国际技术贸易和跨国科技合作会进一步增加，各企业需要进一步增强知识产权保护意识，关注国外知识产权新动向，在技术贸易与技术合作前，做好相关知识产权检索和知识产权布局，降低侵权发生概率。建议深圳市知识产权局对企业特别是中小企业的知识产权保护工作提供针对性支持，如与中小企业发展促进会合作，以中小企业知识产权保护工作站为依托，为企业提供涉外知识产权培训和维权指导。

三、当事人特征

（一）深圳特点

第一，深圳知识产权侵权纠纷案件中，被告为自然人的案件比例明显高于北京和上海。

　　根据对知识产权案件当事人类型的分析，北京、上海、广州和深圳四地法院审理的案件中原被告均以法人为主，但是各地案件当事人中法人和自然人所占的比例不同。在深圳中院审理的案件中，原被告为自然人的占比相对较高（图3-8），特别是被告中自然人占比21.5%（图3-9）。上述特点在广州知识产权法院审理的案件中表现得更为明显，但是与北京和上海知识产权法院，特别是与北京知识产权法院相比有明显区别。广州知识产权法院审理的案件中，被告中自然人占比29.4%；而北京知识产权法院审理的案件中，被告中自然人占比仅为5.7%；上海知识产权法院审理的案件中，被告为自然人的占比15.0%。从数据分析，深圳中院审理的案件中被告自然人以个体工商户为主，如小超市、服装店、电器维修店、手机配饰店、眼镜店等。

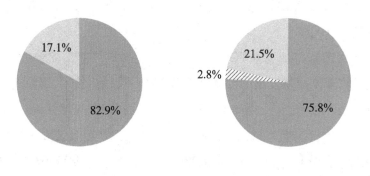

图3-8　深圳中院原告类型分布图　　图3-9　深圳中院被告类型分布图

　　第二，深圳知识产权侵权纠纷案件中，来自新兴产业和文化创意产业的案件当事人明显多于北京、上海、广州三地。

　　根据对案件当事人所处的行业分析，深圳中院审理的案件中，来自新兴产业的原告明显多于北京、上海、广州三地知识产权法院的同类原告。例如，在专利权侵权纠纷案件中，深圳中院审理的案件中当事人除来自制造业外，还包括信息产业、技术服务业，涉及新能源、智能机器人、生物科技、无人机等诸多新兴技术领域。在著作权侵权纠纷案件中，与北京、上海知识产权法院审理的案件中当事人偏向传统文化传播产业（如出版业、影视业）不同，深圳中院审理的案件中当事人主要涉及图像处理、互联网和动漫产业等。

（二）启示建议

第一，鉴于深圳私营经济活跃的特点，个体工商户侵权高发是必须面对和解决的问题。个体工商户在日常经营中常常因为缺乏知识产权意识、缺少相关行业协会的规范指导，更容易出现侵权而不自知的情况，而一旦被诉，败诉率相对更高。建议增加针对个体工商户的知识产权公益教育专项，加大知识产权保护培训力度，帮助个体工商户提高侵权产品辨别能力，教育其在进货时要对所销售产品尽到审慎的审查义务，如从正规渠道进货，采购中与批发商签订买卖合同并要求对方开具发票，对商品的知识产权状况进行查询等。

第二，深圳坚持把创新驱动作为城市发展主导战略，随着进一步推进高新技术产业高质量发展，可以预见围绕新一代信息技术、高端装备制造、生物医药、数字经济、新材料等新兴产业的知识产权侵权纠纷案件势必随之增加。建议深圳市知识产权局建立健全知识产权预警和引导机制，独立开展或者依托中国（深圳）知识产权保护中心，协助实施产业规划类专利导航和专利预警指导，指引新兴产业的企业进行核心技术和关键环节的专利布局，开展高价值专利培育，协助开展产业关键技术研发体系建设和重点专利池建设。同时，基于深圳市政府与国家知识产权局共同签署的《知识产权合作框架协议》，选取深圳市的优势产业，共同推进知识产权重大工程项目。

四、案件法律要素

（一）深圳特点

第一，深圳一审知识产权案件的平均审理周期长于上海、广州知识产权法院。与北京、广州、上海三地不同，深圳发明专利侵权纠纷案件的平均审理周期短于外观设计专利侵权纠纷案件。

北京、上海、广州和深圳四地法院一审知识产权案件的平均审理周期北京最长，为370天；广州最短，193天；深圳中院的案件审理周期仅短于北京，为304天。按案件类型区分，四地中院的实用新型专利侵权纠纷案件的审理周期在知识产权侵权纠纷案件中均相对较短，深圳中院的平均审理周期为275天，审理周期与北京（295天）、上海（290天）两地法院基本相同。通常来说，发明专利侵权纠纷案件的审理时间在专利权侵权纠纷案件中最长，北京、上海、广州知识产权法院均呈现该特点；但是深圳中院的发明专利侵权纠纷案件平均审理周期（286天）却比外观设计专利侵权纠纷案件（312天）更短，这是深圳中院独有的现象。

第二，深圳的知识产权诉讼中，原被告聘请律师的比例相对较高，但是最受青睐的律师事务所并非出自深圳本地。

分析北京、上海、广州和深圳四地法院知识产权案件中聘请律师或专利代理师（作为诉讼代理人）的比例，原告聘请专业人士的比例为93.1%，显著高于被告聘请专业人士参与诉讼的比例（56.8%）。其中，深圳案件中，原告聘请专业人士的比例为96.0%，是四地中最高的；被告聘请专业人士的比例为66.8%，仅次于上海（74.1%）。根据代理案件的数量分析，在深圳最受原告和被告青睐的律师事务所分别是广东辅安律师事务所（位于广州白云区）和北京市盈科（深圳）律师事务所。值得注意的是，这两家律师事务所均不是源自深圳本地。

第三，深圳上诉案件占知识产权案件总量的比例是四地中最低的（参见图3-10），被告上诉的比例超出四地平均水平，二审改判比例是四地中最高的。

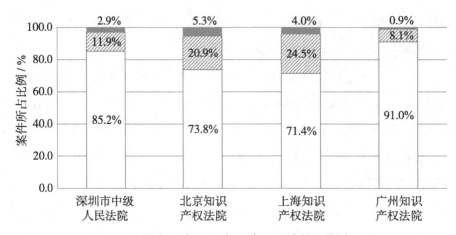

图 3-10 北上广深知识产权二审案件原被告上诉情况分布图

　　深圳中院审理的上诉案件（含 4 件指令再审案件）占知识产权案件总量的 58.5%，是北京、上海、广州和深圳四地法院中占比最低的，上诉案件占比最高的为北京知识产权法院，占比 83.2%。四地法院审理的上诉案件中，主要为著作权侵权纠纷案件和商标权侵权纠纷案件，且以著作权侵权纠纷案件为主。二审上诉案件中，以被告上诉为主，占上诉案件总量的 84.6%，深圳案件超平均水平，被告上诉占 85.2%，居第二位，广州案件占比最高，达到 91.0%；北京、上海的被告上诉比例在 75.0% 左右。

　　上诉案件（含 4 件再审案件）中，法院改判的比例（包括改判、部分改判）为 5.0%，深圳中院和广州知识产权法院均超过平均水平。深圳中院改判率为 6.2%，在四地中最高；北京、上海、广州知识产权法院的改判率分别为 4.6%、3.6%、5.1%。深圳中院改判的首要原因是事实认定不清，其次是适用法律错误，这一特点和北京、广州知识产权法院一致。需要注意的是，深圳中院的改判中没有因为出现新的证据的改判；另外，针对判赔金额过高或过低的改判比例深圳中院是四地法院中最低的。

（二）启示建议

　　第一，缩短知识产权侵权诉讼案件的审理周期，通过对案由分类，对审判工作进行精细化、模块化管理，压缩各环节流转时间，提高办案效率。同时，为提高知识产权纠纷处理效率，建议以深圳国际仲裁院（华南高科技和知识产权仲裁中心）为依托，扩大对知识产权调解和仲裁的适用范围，通过多元化的替代性纠纷解决方式来应对诉讼程序复杂、审理周期长、缺乏专业人员等问题。

第二，深圳的法律服务和知识产权服务市场具有吸引力，与此同时，深圳本地的高端法律服务机构和知识产权服务机构却相对缺乏。为了进一步培养和促进深圳的法律服务和知识产权服务业发展，进一步健全服务体系，建议一方面重视引进国外和外地的高端法律和知识产权服务机构，另一方面重点培育本市优秀服务机构，做到两手都要抓，两手都要硬。

第三，深圳中院已经审理了一大批在全市、全省乃至全国具有重大影响、获得社会各界高度关注的知识产权典型案件。❶针对深圳中院审理的上诉案件中❷，改判比例相对较高、改判原因中事实认定不清占比较高的特点，基层法院的知识产权案件审理水平仍有提升空间，需要加大对知识产权专业审判人才的培养，一方面要重视打造知识产权审判的精品案件，另一方面也应当重视基层法院知识产权案件审理的整体质量。

第四，2017 年年底，经最高人民法院批准，深圳中院在前海合作区设立深圳知识产权法庭，建议进一步支持在深圳设立知识产权法院，为深圳

---

❶ 如华为公司诉美国 IDC 公司标准必要专利垄断案，被《人民法院报》评为 2013 年度中国法院十大热点案件，被最高人民法院誉为标杆性案件，并被评为 2013 年度中国法院十大典型知产案例。内蒙古小肥羊公司诉深圳市周一品小肥羊公司侵害商标权及不正当竞争纠纷案，被最高人民法院评为 2014 年度中国法院十大创新知识产权案件。2017 年，华为公司诉三星公司标准必要专利停止侵权纠纷两案确立的规则，为国内法院乃至国际社会处理标准必要专利停止侵权问题，提供了中国司法的先例经验。截至 2018 年 6 月，审理的案件被最高法院评为典型案例的有 7 件，被广东省法院评为典型案例的有 8 件。

❷ 深圳市以下基层法院具有知识产权民事案件管辖权：罗湖区人民法院、福田区人民法院、南山区人民法院、盐田区人民法院、龙岗区人民法院、宝安区人民法院和前海合作区人民法院。

加快高新技术产业发展、建设具有世界影响力的创新创意之都，为粤港澳大湾区国际科技创新中心建设提供一流的知识产权保护基础支撑。

五、案件诉讼情况

（一）深圳特点

第一，在知识产权侵权诉讼案件中，深圳的案件中知识产权权利人对停止侵权和杜绝侵权行为再次发生最为重视，同时更加重视经济赔偿。

如图3-11所示，根据对北京、上海、广州和深圳四地法院知识产权一审案件原告诉讼请求（图3-11）的分析可以发现，深圳中院受理的一审案件中原告（通常情况下为知识产权权利人）非常重视制止侵权甚至是彻底杜绝侵权行为的再次发生，同时深圳的原告更加重视经济赔偿。深圳原告100.0%要求停止侵权行为（四地中最高），51.1%要求销毁侵权产品（仅低于广州知识产权法院63.7%），49.9%要求销毁制作工具（四地中最高），99.8%要求赔偿经济损失（四地中最高），95.3%要求赔偿合理费用（仅低于上海知识产权法院95.5%）（图3-12）。

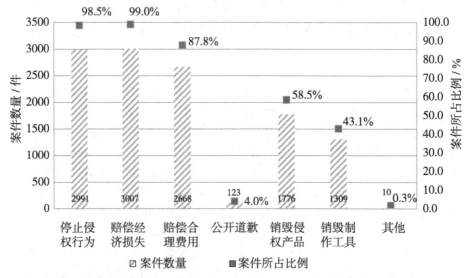

图3-11 北上广深知识产权一审案件原告诉讼请求情况分布图

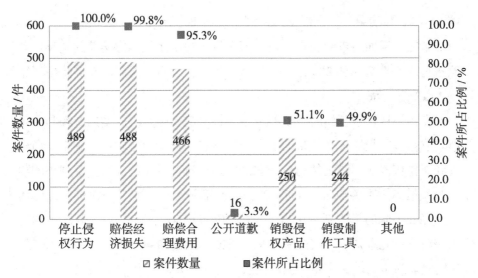

图 3-12　深圳中院知识产权一审案件原告诉讼请求情况分布图

第二，深圳一审的专利权侵权纠纷案件对原告诉讼请求支持的比例明显高于北京、上海、广州三地（图 3-13）。

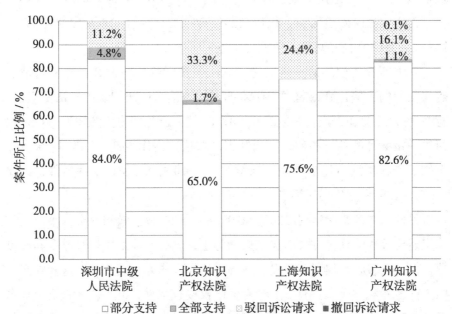

图 3-13　北上广深专利权侵权纠纷一审案件原告诉讼请求被支持情况分布图

从诉讼请求的支持情况来分析，深圳中院审理的一审案件中，专利权侵权纠纷案件中支持原告诉讼请求的比例明显高于其余三地，部分支持比例 84.0%，位居第一，全部支持比例 4.8%，也位居第一（图 3-13）。

第三，深圳一审专利权侵权纠纷案件，法院实际判决赔偿的金额不到原告请求赔偿金额的 30.0%，在北京、上海、广州和深圳四地法院中居第三，仅高于上海。

在知识产权侵权纠纷一审案件中，将法院实际判决赔偿的金额与原告请求赔偿金额相比较，北京、上海、广州和深圳四地法院在专利权、商标权和著作权侵权纠纷案件的最高和最低判赔比基本一致，即法院判决的赔偿金额最高大致为原告请求的 1/3，最低不到 1/10。就专利权侵权纠纷而言，深圳中院的平均判赔比为 27.2%，位居北京、上海、广州和深圳四地法院第三；北京知识产权法院的平均判赔比最高为 40.1%；上海知识产权法院最低为 14.5%；广州知识产权法院为 28.6%。

另外，一些特殊因素是提高判赔比的重要原因，如一旦涉及驰名商标因素，法院判赔的金额可能更接近原告请求额。例如，在北京知识产权法院审理的 7 件涉及驰名商标的案件中，有 2 件判赔比达到 100.0%。

第四，法院确定知识产权侵权赔偿金额的计算方式以法定赔偿为主，这一点在深圳中院审理的一审案件中更为明显。

知识产权侵权纠纷一审案件中，法院实际判决赔偿金额与原告请求赔偿金额的比例达到或超过 90.0% 的案件数量，广州知识产权法院最多，有 80 件；上海知识产权法院最少，仅 12 件。但是，与该院知识产权侵权纠纷一审案件的总量相比，广州知识产权法院占比最低，仅为 4.4%；北京知识产权法院占比最高，达到 16.5%。深圳中院共有 47 件案件，占比 11.1%，数量和占比均居第二位。

另外，在判赔比达到或超过 90.0% 的知识产权侵权纠纷案件中，法院确定赔偿金额的计算方式以法定赔偿为主，仅有 6 件案件是通过专利许可费、侵权人获利、权利人损失、和解协议等方式计算赔偿额，这 6 件案件中 5 件为专利权侵权案件，1 件为著作权侵权案件；6 件案件中无一来自深圳中院。这也反映出，从整体而言，判赔比高的案件并非因为法官的判决赔偿的金额更高，而是因为原告请求赔偿的金额更接近该类案件的法定赔偿金额。

第五，深圳中院一审的知识产权案件中，权利人申请证据保全的比例在四地中最高。但是，目前案件中通过证据保全所收集的证据主要用于证明被告实施了侵权行为，因此对侵权赔偿额的计算影响很小。

深圳中院审理的一审案件中，申请证据保全的比例在四地法院中最高，为46.8%；广州知识产权法院的比例最低，为30.4%。深圳中院审理的一审案件中申请财产保全的比例为2.5%，位居第三；上海知识产权法院的比例最高，为3.8%。

值得注意的是，在目前的案件中，原告通过证据保全方式收集的证据主要是用来证明被告实施了侵权行为。例如，在申请证据保全比例较高的网络销售侵权产品的案件中，原告会在公证员的监督下浏览相关网站、购买涉案侵权产品、收取快递包裹等；又如，在被告涉嫌生产侵权产品的案件中，原告会申请以拍照、录像的方式保全被告生产车间中生产涉案侵权产品的生产线及操作流程等。然而，对于原告因侵权遭受的损失、被告因侵权所获得的利益等对于计算侵权赔偿金额至关重要的事项，目前很少通过证据保全方式来证明。因此，这也导致了法院在确定侵权赔偿金额时仍然普遍采用法定赔偿额。

（二）启示建议

第一，分析北京、上海、广州和深圳四地法院对知识产权侵权纠纷案件的判决，可以发现，原告诉讼请求得到支持的比例较高，即认定被告侵权的比例较高，但原告请求的侵权赔偿金额得到法院支持的比例较低，这一点在深圳中院审理的专利权侵权纠纷中尤为突出。侵权成本过低，也就导致侵权屡禁不绝。同时，法律虽然规定了多种损害赔偿计算方式，如依据权利人实际损失、侵权人获利、许可费用的倍数、法定赔偿等，但大多数侵权纠纷案件由于取证难、计算方式模糊等原因，仍然多以法定赔偿为损害赔偿数额的计算标准，这也导致知识产权侵权纠纷案件的损害赔偿整体偏低。

《深圳经济特区知识产权保护条例》（以下简称《保护条例》）于2019年3月1日起正式施行，针对知识产权维权过程中的难点，详细规定了侵犯知识产权行为的违法经营额如何计算❶；同时，该条例从知识产权信用监管❷、加大行政处罚力度❸等方面进一步加大了知识产权侵权成本。下一步就需要在实践中真正落实《保护条例》相关规定，重视在侵权诉讼中协助权利人提高举证能力，以加大对知识产权侵权行为的惩罚力度，提高侵权成本。

另外，随着《专利法》第四次修改工作的推进，侵权惩罚性赔偿制度的建立已经指日可待。2020年7月3日发布的《中华人民共和国专利法修正案（草案二次审议稿）》中，规定了对故意侵权行为可处以最高5倍的惩罚性赔偿。下一步需要提前做好《专利法》修正案实施的准备工作，对落实实施故意侵权的惩罚性赔偿制度、查处群体侵权和重复侵权等故意侵权行为，加大对假冒专利的处罚力度等提前做好预案。

第二，在发挥司法保护知识产权的主导作用的同时，要提高行政执法的效率和水平。专利行政执法具有程序少、效率高、成本低等特点，要以国家知识产权局印发的《专利侵权行为认定指南（试行）》《专利行政执法证据规则（试行）》《专利纠纷行政调解指引（试行）》等为指引，进一步提升专利行政执法能力、效率与水平。

同时，建议以中国（深圳）知识产权保护中心为依托，完善快速维权

---

❶ 《保护条例》第22条规定，侵权产品已销售的，价值按照实际销售价格计算；未销售的侵权产品价值，按照已销售的侵权产品的实际销售平均价格计算；侵权产品全部未销售的，价值按照标价进行计算；没有标价或者标价明显与产品价值不符的，按照被侵权产品的市场中间价格计算。

❷ 《保护条例》第48条规定，相关单位和个人侵犯他人知识产权构成犯罪的，五年内不得承接任何政府投资项目；如果情节严重，且造成严重危害后果的，会永久性禁止其承接政府项目、参与政府采购和招投标项目、申请政府扶持资金和表彰奖励。

❸ 《保护条例》第27条规定，侵权人因侵犯知识产权受到处罚后，五年内再次侵犯同一种知识产权的，或者五年内三次以上侵犯他人知识产权的，市主管部门以及其他管理部门可予以双倍处罚。

机制，构建优势产业线上维权机制和专利保护合作机制，特别是协助做好线上专利侵权判断咨询，对线上市场进行数据采集和监控，实现快速传递和处理举报投诉信息。

六、结论

（一）深圳知识产权司法保护特点

通过对 2015~2018 年北京、上海、广州和深圳四地知识产权案件的大数据分析，可以总结出深圳在知识产权司法保护上具有以下特点。

第一，深圳专利权侵权纠纷案件的数量以及在知识产权案件中的占比近几年显著增加。深圳涉外专利侵权纠纷案件较多，且外方全部为原告。

第二，深圳知识产权侵权纠纷案件中，被告为自然人的比例明显高于北京和上海；来自新兴产业和文化创意产业的案件当事人明显多于北京、广州和上海三地；知识产权权利人对停止侵权和杜绝侵权行为再次发生最为重视，也更加重视经济赔偿；深圳原被告聘请律师的比例相对较高，但是最受原告和被告青睐的律师事务所都并非出自深圳本地。

第三，深圳中院一审知识产权案件的平均审理周期长于上海知识产权法院和广州知识产权法院；与北京、上海、广州三地不同，深圳发明专利侵权纠纷案件的平均审理周期短于外观设计专利侵权纠纷；一审专利侵权纠纷案件对原告诉讼请求支持的比例明显高于北京、上海、广州三地，但法院判决的侵权赔偿金额不到原告请求赔偿金额的30%，在四地法院中居第三，仅高于上海。法院确定知识产权侵权赔偿金额的计算方式以法定赔偿为主，这一点在深圳中院审理的一审案件中更为明显。

第四，深圳上诉案件占知识产权案件总量的比例是四地中最低的，被告上诉的比例超出北京、上海、广州和深圳四地平均水平，二审改判比例6.2%，是四地中最高的，改判的首要原因是事实认定不清。

（二）下一步工作建议

第一，在知识产权保护方面，要特别重视专利保护，建立市、区两级的专利公共服务平台，提供部分免费的专利基本服务。针对涉外技术贸易与技术合作，市知识产权局与中小企业发展促进会合作，以中小企业知识产权保护工作站为依托，为企业提供涉外知识产权培训和维权指导。针对个体工商户侵权高发，增加个体工商户知识产权公益教育专项，帮助个体工商户提高侵权产品辨别能力，教育其尽到审慎的审查义务。

第二，建立健全新兴产业的知识产权预警和引导机制，深圳市知识产权局独立开展或者依托中国（深圳）知识产权保护中心，协助实施产业规划类专利导航和专利预警，指引企业进行核心技术和关键环节的专利布局。同时，基于深圳市政府与国家知识产权局共同签署的《合作框架协议》，选取深圳的优势产业，共同推进知识产权重大工程项目。

第三，基层法院的知识产权案件审理水平仍有提升空间，需要加大对知识产权专业审判人才的培养，既要重视打造知识产权审判的精品案件，也应当重视提高基层法院知识产权案件审判的整体质量。充分利用深圳法规和知识产权服务市场的吸引力，一方面要重视引进国外和外地的高端法律和知识产权服务机构，另一方面要重点培育本市优秀服务机构。

第四，进一步支持在深圳设立知识产权法院，为深圳加快高新技术产业发展、建设具有世界影响力的创新创意之都提供一流的知识产权保护基础支撑。同时，以深圳国际仲裁院（华南高科技和知识产权仲裁中心）为依托，加大对知识产权调解和仲裁的适用范围。

第五，切实落实《保护条例》相关规定，重视在侵权诉讼中协助权利人提高举证能力，加大对知识产权侵权行为的惩罚力度。同时，做好《专利法》修正案实施准备，对实施故意侵权的惩罚性赔偿、查处群体侵权和重复侵权等故意侵权行为等做好预案。

第六，在发挥司法保护知识产权主导作用的同时，进一步提升行政执法能力、效率与水平。同时，以中国（深圳）知识产权保护中心为依托，完善快速维权机制，构建优势产业线上维权机制和专利保护合作机制。

第二节　中美贸易背景下深圳如何完善知识产权工作 *

2018 年年初开始的中美贸易战的导火索是美国指责中国对知识产权保护不力，本质是美国想借此遏制中国新兴产业和技术发展。在此背景下对深圳市知识产权保护工作现状进行梳理，分析当前中美贸易背景下知识产权保护存在的问题，并针对深圳的知识产权工作提出对策和建议。

一、深圳市知识产权保护工作现状

深圳以自主创新为立市之本，深圳市委市政府一直以来高度重视知识产权保护，很多做法走在全国前列。

（一）工作思路领先，多项知识产权保护举措开创国内先河

深圳在 2009 年机构改革中将知识产权管理职能纳入市场监管体系，是全国首个将专利、商标、版权归口一个部门管理的城市，建立了市、区、街道三级垂直管理的知识产权执法体系，执法效率得到大幅度提高。2017 年，深圳市委市政府率先在全国提出实施"最严格的知识产权保护制度"，出台《深圳市关于新形势下进一步加强知识产权保护的工作方案》（又称"知识产权保护 36 条"）。2017 年底，经最高人民法院批复同意，深圳市中级人民法院在前海成立知识产权法庭。2018 年 12 月，深圳市人民代表大会常务委员会通过《保护条例》，自 2019 年 3 月 1 日起施行，旨在构建最严格知识产权保护体系方面先行先试。

---

　　* 本节主要内容曾刊登于 2018 年 11 月中共深圳市委办公厅、深圳市人民政府办公厅《深圳信息》第 173 期，笔者为报告执笔人，相关数据和工作情况由深圳市市场监督管理局知识产权保护处提供，在此表示感谢！

（二）创新创造能力突出，各项指标始终保持全国领先

深圳各项重要知识产权创造指标始终保持全国前列。截至 2018 年底，深圳累计有效发明专利量达 118872 件，每万人口发明专利拥有量为 91.25 件，为全国平均水平（11.5 件）的 7.9 倍。有效发明专利五年以上维持率达 85.6%，居全国大中城市首位（不含港澳台地区）。PCT 国际专利申请量 18081 件，约占全国申请总量（51893 件）的 34.8%（不含国外企业和个人在中国的申请），连续 15 年居全国大中城市第一；华为技术有限公司 PCT 国际专利申请量（5405 件）居全球企业第一。❶

（三）企业创新主体地位突出，培育了一批知识产权优势龙头企业

深圳企业创新主体地位集中体现为"六个 90%"，即 90% 的创新型企业是本土企业，90% 的研发人员在企业，90% 的科研投入来源于企业，90% 的专利产生于企业，90% 的研发机构建在企业，90% 以上的重大科技项目发明专利来源于龙头企业。同时，深圳拥有华为、中兴、腾讯等一批国际一流的知识产权优势企业，以及大疆、光启等一大批拥有自主知识产权的创新型企业。

二、中美贸易背景下知识产权保护存在的问题

（一）知识产权成为大国博弈的关键，国际制度层面仍缺少中国声音

自由贸易和全球分工使得劳动力密集产品的价格大幅度下降，而通过保护知识产权，打击仿冒者，新技术被垄断，从而保证了知识密集型产品的价格得以居高不下。此次中美贸易摩擦反映出自由贸易和知识产权保护的结合将成为大国竞争的关键。对中国而言，知识产权制度在某种程度上是一种被动移植的制度"舶来品"，在知识产权全球治理体系中，美国已

---

❶ 深圳市市场监督管理局．深圳市 2018 年知识产权发展状况白皮书［EB/OL］．［2019–04–28］．http：//www.sz.gov.cn/szscjg/zscq/zscqbh/zscqbps/201904/t20190428_17120550.htm.

经占得国际规则体系制定的先机，未来如何参与竞争，紧跟美国之后亦步亦趋显然不是出路。

（二）知识产权侵权赔偿额过低，保护标准有待提高

现行制度中知识产权保护标准较低，缺少惩罚性赔偿措施，知识产权侵权案件取证难、周期长、赔偿低等问题突出，急需通过立法等手段提高保护标准。美国专利侵权平均判赔额为400万~500万美元，而我国仅为8万~15万元人民币，两者差距巨大，导致企业在遭遇知识产权侵权时难以得到有效救济。同时，专利侵权损害赔偿额过低也导致专利价值被低估。

（三）缺乏核心专利，知识产权质量有待提升

虽然专利数量（包括PCT专利数量）在近年得到大幅度提升，但是仍然存在发明专利占比较低、专利产业匹配度较低、高质量核心专利缺乏等问题。知识产权质量不高也导致需要大量购买国外知识产权。近些年中国对美国支付知识产权使用费持续增加，从2011年的34.6亿美元增至2017年的72亿美元，6年时间翻了一番。

（四）缺少海外维权援助，企业知识产权海外维权问题突出

企业海外维权难度大、成本高，缺乏有效的海外维权援助体系。由于缺乏对国外法律规则的了解，企业海外知识产权纠纷应对能力不足。对100多家深圳企业的调研发现，企业认为海外维权的最大困难是"资金投入大"和"不懂海外诉讼程序"。一些海外企业利用中国企业不愿参与司法诉讼，发起针对性的知识产权诉讼，以此阻挠中国企业开拓海外市场。同时，长期缺席诉讼也给国外司法界造成中国企业存在事实侵权的负面印象，对中国保护知识产权的形象造成损害。

（五）缺少针对性宣传，知识产权保护不力的刻板印象有待改善

近年来中国在知识产权立法、执法和司法层面不断强化保护，取得

了明显成效。但是，"山寨"等不尊重知识产权的刻板影响并未得到有效改善。究其原因，一方面是因为美国以自身"高标准"眼光选择性忽视中国在知识产权保护方面的进步；另一方面也因为中国企业和政府缺乏有效的宣传措施。比如，面临海外侵权诉讼时，一旦中国企业放弃参与诉讼更易导致不利判决，也容易被海外竞争对手利用进行不利宣传。另外，企业和政府层面缺少知识产权形象的公共关系维护和宣传，导致刻板印象难以更新。

三、深圳完善知识产权工作的建议

（一）鼓励支持参与和构建国际性知识产权机构

建议鼓励、支持参与和建立各类知识产权民间机构，积极加入国际性知识产权协会和联盟；也可以由中方作为发起方，创建国际性知识产权机构，积极开展全球知识产权情报研究、权益保护、标准制定，借助国际平台，利用国际资源，充分阐释中国在知识产权保护领域的诉求。

（二）加大知识产权保护力度，提高知识产权侵权成本

建议加快《保护条例》立法进度，在调整损害赔偿标准、实施惩罚性赔偿制度、推进纠纷多元化解决等方面先行先试，破解"取证难、周期长、赔偿低"难题，提升保护标准。同时，加大侵权行为打击力度，提高处罚标准，缩短办案时间，实施最严格的保护措施，严厉惩治各类侵权违法行为。

（三）提升知识产权质量，把握创新主动权

建议充分发挥知识产权专项资金引导作用，加大对高质量高价值知识产权资助奖励力度，兼顾大中小微企业平衡，充分调动小微企业创新积极性；并可以通过推进知识产权孵化基地建设，在人工智能、第三代半导体、生物与生命健康、新材料、空间信息服务等领域，培育高价值核心专

利，构建具有国际竞争力的产业体系，掌握创新主动权。

（四）支持企业应对海外诉讼，建立知识产权海外维权援助平台

建议对中国企业海外维权给予一定的信息和资金支持，积极应对海外诉讼。建议在《保护条例》中增加知识产权海外维权援助工作机制等内容，构建政府、行业、企业参与的知识产权海外维权援助体系。同时，依托中国（深圳）知识产权保护中心，构建知识产权海外维权援助平台，建立海外知识产权法律政策数据库、海外知识产权维权案例库、海外维权法律人才库等，为知识产权海外维权、知识产权风险防范、知识产权海外布局等提供全方位的信息和法律援助。

（五）调整宣传策略，加强知识产权教育和宣传，力争摆脱刻板印象

建议加强海外宣传，创新宣传理念，重塑尊重知识产权的国家形象。聘请海外公关公司，结合当地情况进行正面宣传，避免不同文化背景导致的误读。加强国际知识产权学术合作，鼓励中外机构对中国知识产权展开合作研究，发布权威性研究成果，潜移默化改善公众对于中国知识产权的刻板印象。同时，要加强企业和民众的知识产权教育，引导全社会形成尊重和保护知识产权的氛围，避免因个别行为产生伤害国家形象和企业形象的情况。

第三节　深圳严格知识产权保护探索与实践

作为中国改革开放前沿，深圳高度参与全球产业分工，对创新发展的需求也最为迫切。保护知识产权，就是保护创新，知识产权已经成为深圳发展的核心动力。深圳市在知识产权保护领域一直勇于探索，本节重点分析深圳市在建立知识产权信用监管机制和惩罚性赔偿制度方面的制度探索，以及在知识产权证券化领域的实践探索。

一、知识产权是深圳发展的核心动力

"2019 年全球创新指数"报告 ❶ 显示，中国已跻身全球最具创新力的前 15 个经济体之列。在以国际专利申请量和科学著作发表活动作为评价指标的全球科技创新集群排名中，2019 年全球创新热点区域前 100 名中，美国共有 26 个区域位居榜首，中国共有 19 个区域紧随其后。中国创新热点区域中包括深圳—香港、北京、上海、广州、南京、杭州、武汉、台北、西安、成都、天津、长沙、青岛、苏州、哈尔滨、重庆、济南、合肥和长春。表 3-1 展现出，2019 年全球创新热点区域中前 10 位中国区域专利申请情况。

表 3-1 2019 年全球创新热点区域前 10 位中国区域专利申请情况

排名	区域	国际专利申请量最大		主要专利技术领域	
		申请人	比例 / %	领域	比例 / %
2	深圳—香港	华为	25.76	数字通信	38.39
4	北京	京东方	24.43	数字通信	23.60
11	上海	阿尔卡特朗讯	3.36	数字通信	10.48
21	广州	华南理工大学	5.26	电机设备能源	8.95
25	南京	东南大学	9.36	电机设备能源	10.35
30	杭州	阿里巴巴	48.68	计算机技术	31.29
38	武汉	武汉华星光电	16.88	光学	15.27
43	台北	惠普	12.13	计算机技术	12.08
47	西安	西安交大	11.90	数字通信	16.74
52	成都	四川海斯科	4.32	制药	11.70

数据来源：WIPO "2019 年全球创新指数"报告。

---

❶ Cornell University，INSEAD，and WIPO. The Global Innovation Index 2019：Creating Healthy Lives—The Future of Medical Innovation [R]. Ithaca，Fontainebleau，and Geneva，2019.

在创新能力方面，深圳—香港区域的龙头企业和优势产业表现亮眼。华为技术有限公司的国际专利申请量超过本区域国际专利总申请量的 1/4（25.76%）；在主要专利技术领域方面，有 38.39% 的专利申请属于数字通信领域，专利技术密集度居中国前 10 位创新热点区域之首。

根据 2020 年 4 月 WIPO 发布"2019 年专利、商标和工业品外观设计国际注册数据"，2019 年，中国超过美国成为提交国际专利申请最多的国家。华为公司以 4411 件 PCT 国际专利申请排名第一，此外还有 6 家深圳企业入围全球国际专利申请 50 强（表 3-2），分别是平安科技（深圳）有限公司（1691 件，第 8 位）、中兴公司（1085 件，第 18 位）、深圳大疆创新科技有限公司（874 件，第 23 位）、深圳市华星光电半导体显示技术有限公司（654 件，第 31 位）、腾讯科技（深圳）有限公司（485 件，第 43 位）和深圳传音控股股份有限公司（476 件，第 45 位）。❶

表 3-2 2019 年 PCT 申请量全球前 50 中国申请人情况

排名	申请人	PCT 申请量 / 件
1	华为技术有限公司	4411
5	OPPO 广东移动通信有限公司	1927
6	京东方科技集团有限公司	1864
8	平安科技（深圳）有限公司	1691
18	中兴公司	1085
23	深圳大疆创新科技有限公司	874
25	阿里巴巴集团控股有限公司	846
31	深圳市华星光电半导体显示技术有限公司	654
34	ViVO 移动通信有限公司	603
41	武汉华星光电半导体显示技术有限公司	506
43	腾讯科技（深圳）有限公司	485
45	深圳传音控股股份有限公司	476
47	惠科股份有限公司	467

数据来源：WIPO "2019 年专利、商标和工业品外观设计国际注册数据"

---

❶ WIPO. Top PCT applicants [EB/OL]. [2020-04-07]. https://www.wipo.int/export/sites/www/pressroom/en/documents/pr_2020_848_annexes.pdf#annex4.

截至 2019 年底，深圳累计有效发明专利量达 138534 件，每万人口发明专利拥有量达 106.3 件，为全国平均水平（13.3 件）的 8 倍。有效发明专利五年以上维持率达 85.22%，居全国大中城市首位（不含港澳台地区）。2019 年，深圳的 PCT 国际专利申请量为 17459 件，约占全国申请总量（56796 件）的 30.74%（不含国外企业和个人在中国的申请），连续 16 年居全国大中城市第一。❶ 可以看出，深圳的各项重要知识产权创造指标均领跑全国，知识产权已经成为深圳发展的核心动力。

二、严格知识产权保护的制度探索

深圳作为中国改革开放的前沿，高度参与全球产业分工，最早体会到外部环境变化带来的产业升级压力，对创新发展的需求也最为迫切。保护知识产权，就是保护创新；打造知识产权高地，就是打造创新高地。

深圳市在知识产权保护领域一直勇于制度创新，推出多项开创国内先河的知识产权保护举措。

（一）建立知识产权信用监管机制

2018 年 11 月国家发展和改革委员会、人民银行、国家知识产权局、中央组织部等多部门联合签署《关于对知识产权（专利）领域严重失信主体开展联合惩戒的合作备忘录》（以下简称《备忘录》），提出对知识产权（专利）领域严重失信行为采取惩戒措施。《备忘录》所列举的严重失信行为包括重复专利侵权行为、不依法执行行为、专利代理严重违法行为、专利代理师资格证书挂靠行为、非正常申请专利行为和提供虚假文件行为。其中，国家知识产权局采取的惩戒措施包括以下方式：①加大监管力度，依法从重处罚违法行为。②取消进入各知识产权保护中心和快速维权中心的专利快速授权确权、快速维权通道资格。③取消申报国家知识产权示范

---

❶ 深圳市市场监督管理局. 深圳市 2019 年知识产权发展状况白皮书［EB/OL］.
［2020–4–26］. http: //amr.sz.gov.cn/xxgk/ghjh/zxgh_1/202004/t20200426_19191670.htm.

和优势企业资格。④取消申报国家专利运营试点企业资格。⑤在进行专利申请时，不予享受专利费用减缴、优先审查等优惠措施。2019年10月，国家知识产权局根据《备忘录》，制定《专利领域严重失信联合惩戒对象名单管理办法（试行）》。

2019年3月1日起施行的《保护条例》中设置"信用监管"专章，建立了涵盖信用评价、诚信公示和失信惩戒在内的知识产权信用监管机制。

第一，建立知识产权信用评价系统。《保护条例》要求主管部门应当将自然人、法人和非法人组织的知识产权失信违法信息纳入公共信用信息系统。相关信息包括知识产权司法裁判和行政处罚的信息；涉嫌侵犯他人知识产权，隐匿证据、拒不接受调查，妨碍行政执法的信息；在政府投资项目、政府采购和招标投标、政府资金扶持、表彰奖励等活动中被认定侵犯他人知识产权的信息；在政府投资项目、政府采购和招标投标、政府资金扶持、表彰奖励等活动中提供虚假知识产权申请材料或者违背知识产权合规性承诺的信息；其他应当纳入的侵犯他人知识产权的信息。

第二，建立知识产权诚信公示制度，包括重点监管名单制度和异议申请制度。《保护条例》要求主管部门可以根据自然人、法人和非法人组织知识产权失信违法严重程度，确定重点监管名单，并向社会公布。与之对应，权利人或者利害关系人对公共信用信息系统披露的知识产权相关信息有异议的，可以提出异议申请，并提交相关证据，由有关部门按照公共信用信息管理的相关规定处理。

第三，建立知识产权失信惩戒制度。《保护条例》要求市、区人民政府及其职能部门在开展与知识产权相关的政府投资项目审批、政府采购和招标投标、政府资金扶持、表彰奖励等行政管理活动时，应当查询相关自然人、法人和非法人组织的知识产权公共信用状况。对存在提供虚假知识产权申请材料的，拒不执行生效的知识产权行政处理决定或者司法裁判的，侵犯他人知识产权构成犯罪的，以及其他侵犯他人知识产权的行为造成重大社会影响的情形，五年内不得承接政府投资项目、参加政府采购和招标投标、申请政府相关扶持资金和表彰奖励。对于特别严重的，可以永久性禁止其承接政府投资项目、参加政府采购和招标投标、申请政府相关扶持资金和表彰奖励。

（二）建立惩罚性赔偿制度

2018年6月深圳市人大常委会经济工作委员会发布《深圳经济特区知识产权保护条例（草案）》（以下简称《保护条例（草案）》）并公开征求意见。《保护条例（草案）》第62条规定了惩罚性赔偿制度。根据《保护条例（草案）》规定："侵犯他人知识产权有下列情形之一的，除赔偿权利人损失外还应当支付惩罚性赔偿金：（一）明知属于他人知识产权的；（二）五年内侵犯他人同一知识产权三次以上的；（三）其他侵权情节严重或造成恶劣社会影响的。惩罚性赔偿金按照赔偿数额的三倍计算。"

根据《专利法》（第65条）和《著作权法》（第49条）的规定，专利权侵权、著作权侵权的侵权赔偿额按照"权利人因被侵权所受到的实际损失"或"侵权人因侵权所获得的利益"确定。《保护条例（草案）》中的惩罚性赔偿突破了现行法律的规定，大幅提升了赔偿数额，被认为是深圳市人大常委会准备运用特区立法权对《专利法》《著作权法》等立法作出的变通性规定。《深圳特区报》记者报道称，《保护条例（草案）》规定的赔偿金额高于国家现行标准，是要从制度建设层面作出一些突破性尝试，解决知识产权保护中存在的违法成本偏低的问题。[1]与此同时，也有学者对《保护条例（草案）》突破国家现行法律规定，大幅度调整法律责任的作法提出质疑，认为《保护条例（草案）》应更理性地行使特区立法权限。[2]

《保护条例》正式稿中，《保护条例（草案）》第62条被删除。然而，值得关注的是，2020年4月28日，在最新的《深圳经济特区知识产权保护条例修正案（草案）》（以下简称《条例修正案（草案）》）中，关于建立惩罚性赔偿制度的提案再次提请深圳市人大常委会审议。《条例修正案

---

[1] 李舒瑜. 深圳拟建立最严知识产权保护制度 [N]. 深圳特区报，2018-8-30（A4）.

[2] 叶卫平. 知识产权保护限度的反思和平衡——以《深圳经济特区知识产权保护条例》为视角 [J]. 地方立法研究，2019，4（1）：26-33.

（草案）》大幅提升知识产权侵权成本。首先，明确侵犯知识产权赔偿数额按照权利人的损失、侵权人获得的利益或者参照该知识产权许可使用费的倍数依序确定，体现知识产权的市场价值。其次，规定权利人的损失、侵权人获得的利益和该知识产权许可使用费均难以确定的，依照相关法律法规确定法定赔偿数额。最后，对于故意侵犯知识产权情节严重的，明确可以实行惩罚性赔偿制度，处以一倍以上五倍以下惩罚性赔偿，加大故意侵权的惩戒力度。

预计建立惩罚性赔偿制度的探索能够在本轮《保护条例》修改中得以实现。这主要基于两点原因：第一，从立法权限分析，2019 年 8 月 18 日中共中央、国务院发布《关于支持深圳建设中国特色社会主义先行示范区的意见》，其中明确了"允许深圳立足改革创新实践需要，根据授权对法律、行政法规、地方性法规作变通规定"，为此轮修改《保护条例》提供了在更大范围突破和创新的保障。第二，从严格知识产权保护的大环境分析，已经全面推动健全侵权惩罚性赔偿制度。2019 年 11 月 1 日起施行的《商标法》将恶意侵犯商标专用权的赔偿倍数，由修改前的三倍以下提高到了五倍以下；《著作权法修正案（草案二审稿）》和《专利法修正案（草案二审稿）》中均明确要建立侵权惩罚性赔偿制度，国家层面的立法修改已经为深圳建议惩罚性赔偿制度的探索准备好了制度铺垫。

三、知识产权证券化的深圳实践

知识产权证券化本质上是资产证券化的一种，与传统资产证券化相比，知识产权证券化的基础资产是知识产权的所有权、知识产权许可费、知识产权使用费等未来预期收益，通过对上述无形资产加以合理的风险规避与再包装发行使其在市场上流通，从而在资本市场进行融资。2015 年 3 月，中共中央、国务院发布的《关于深化体制机制改革加快实施创新驱动发展战略的若干意见》中，首次提出探索开展知识产权证券化业务。此后，多个知识产权证券化产品上市，如 2018 年"奇艺世纪知识产权供应链金融资产支持专项计划"。但是，总体而言，我国知识产权证券化发展尚存诸多困难，主要表现为知识产权基础资产及其转让程序的制度缺失，特殊目的机构（Special Purpose Vehicle，SPV）缺乏法律主体地位，财产混同、资金混同或挪用的潜在风险系数大，过度依赖外部增信措施，各项辅助性交易规则尚不完善，以及资产支持证券流动性不足等。❶

2019 年 2 月 18 日，中共中央、国务院印发《粤港澳大湾区发展规划纲要》，明确提出强化知识产权保护和运用，并提出开展知识产权证券化试点。《关于支持深圳建设中国特色社会主义先行示范区的意见》同样提出，深圳要加快实施创新驱动发展战略，探索知识产权证券化。上述政策出台，均希望深圳利用其作为中国特色社会主义先行示范区的有利条件和粤港澳大湾区的特殊区位优势，在知识产权证券化领域有所作为。根据中国基金业协会统计，截至 2018 年底，已登记的私募基金管理人为 24448 家，总规模为 12.8 万亿元，其中有 4624 家位于深圳。因此，深圳作为全国私募基金的重要集聚地，有资金优势，具备可供知识产权证券化的优质资产。❷

2019 年 12 月 26 日，深圳首单知识产权证券化产品"平安证券—高新投知识产权 1 号资产支持专项计划"在深交所正式挂牌，该专项计划以知识产权质押贷款债权为基础资产，首期发行规模 1.24 亿元，是全国首单以小额贷款债权为基础资产类型的知识产权证券化产品。

2020 年 3 月 25 日，为应对新冠肺炎疫情，由深圳市南山区政府和深圳高新投集团有限公司发起的"南山区—中山证券—高新投知识产权 1 期资产支持计划（疫情防控）"正式发行。该产品计划融资 10 亿，已发行 3.2 亿，惠及 12 家疫情防控物资生产企业。这是深圳市首单疫情防控专项知识产权证券化项目，也是全国第一个百分百服务"战疫"企业的知识产权证券化产品。

---

❶ 贺琪.论我国知识产权资产证券化的立法模式与风险防控机制构建 [J].科技与法律，2019（4）：48–56.

❷ 柯然.知识产权证券化的国际经验及深圳实践 [J].金融市场研究，2019（10）：41–49.

除了发行知识产权证券化产品外，深圳市创新开展知识产权金融服务，搭建知识产权与资本对接平台，破解科技企业融资难题。根据《深圳市 2019 年知识产权发展状况白皮书》的数据，2019 年，深圳市进行专利权质押登记 162 件，惠及企业 143 家，涉及专利 1063 件；专利权质押金额总计 32.38 亿元，平均每件专利涉及的质押金额 304.65 万元，其中质押金额 1 亿元以上的共 7 件，占 4.32%，质押金额在 100 万元至 1 亿元共 154 件，占 95.06%；截至 2019 年底，累计专利投保保障金额达 31 亿元。通过知识产权证券化产品发行和知识产权质押融资，搭建起了连接知识与资本的桥梁，一方面为高科技企业解决了融资难问题，另一方面也为深圳的高质量发展提供了支撑。

第四章 严格知识产权保护热点评析

本章通过热点案件和事件重点探讨严格知识产权保护的具体实施路径，包括对知识产权制度性问题的探讨，涉及专利许可费仲裁、知识产权证券化、体育赛事知识产权和非物质文化遗产保护；商标侵权与不正当竞争纠纷分析，涉及同名作品、原创表情包和驰名商标；著作权和邻接权纠纷分析，涉及同人作品、图书引进、版权继承和表演者权；以及信息网络传播权侵权纠纷分析，涉及短视频、微信小程序和视频聚合平台。

第一节 知识产权制度性问题探讨

一、如何利用仲裁解决专利许可费纠纷？

笔者就深圳市朗科科技股份有限公司（以下简称"朗科公司"）与美国必恩威科技股份有限公司（以下简称"PNY公司"）的专利纠纷接受《中国知识产权报》记者李思靓采访，采访报道刊登于《中国知识产权报》2018年8月15日第8版《国产闪存技术厂商打赢海外专利诉讼》。

新闻事件

2018年7月30日，朗科公司发布公告称，其于7月28日收到了美国新泽西州联邦地区法院仲裁员威廉·巴斯勒（Hon.William G.Bassler）签发的《最终裁决书》，裁定美国PNY公司应向朗科公司支付专利许可费及利息共计771万余美元。双方这起长达12年的专利纠纷暂时告一段落。

记者采访：为何该案判赔如此高额的许可费？该裁决对于中国企业有什么借鉴价值？

回答：该案仲裁员最终裁定PNY公司向朗科公司支付专利许可费和利息的总和为7714998美元，总额并不是很高。需要注意的是，该案仲裁员裁定，PNY公司无需向朗科支付惩罚性赔偿和律师费。

该案对中国企业的借鉴价值在于，要在企业核心业务上构建起严密的专利防护网，这样才能在后续的专利纠纷中立于不败之地。比如该案中，涉及朗科公司在美国的多项专利，包括US6829672、US7788447、US8332585和US8074024等。这些专利中包括闪存应用及移动存储领域的基础性发明专利，构成了严密的专利防护网，对朗科公司核心业务进行了有力的保护。

记者采访：该裁决对于中国企业海外专利维权有何意义？以及有何借鉴价值？

回答：比起裁定支付给朗科公司的专利许可费金额，该案更加值得关注的是，如何利用仲裁解决知识产权纠纷。《美国专利法》第294条规定，在涉及专利权的合同中，可以约定通过仲裁解决专利权有效性和专利侵权纠纷。如果合同中并未约定，当事人可以书面同意以仲裁解决纠纷。仲裁裁定仅对当事双方具有约束力，对于其他人则没有约束力。

该案对于国内企业海外维权的重要意义在于如何利用替代性纠纷解决方案，如利用仲裁来解决在海外市场面临的知识产权纠纷，包括知识产权许可合同纠纷、知识产权侵权纠纷和知识产权有效性纠纷等。

知识产权纠纷存在一些特殊性，相较于法院诉讼，仲裁具有一些独特的优势，在该案中也体现的很明显。

第一，知识产权纠纷多涉及商业秘密和技术秘密，仲裁过程中披露的信息具有保密性，在某些情况下，对提交给仲裁庭的信息，也允许一方限制对方及他人的访问。因此，仲裁程序的保密性能够更好地维护当事人的相关权益。

第二，知识产权作为企业的核心资产，当事人常常迫切需要获得确定性的裁判结果。法院诉讼过程往往旷日持久，拿到诉讼结果后，还可能进行上诉。仲裁程序中，仲裁员可以根据当事人的要求缩短程序。同时，仲裁裁决通常具有终局性，并且是可执行的。根据《纽约公约》，仲裁裁决由各国法院执行，目前超过140个国家是《纽约公约》的缔约国，该公约只允许在非常有限的情况下可以将裁决搁置一旁。

第三，知识产权纠纷中很多都涉及技术或其他专业领域，法院诉讼中法官可能没有相关的专业知识，仲裁程序中当事人可以选择具有相关专业知识和行业经验的仲裁员。该案中，仲裁员巴斯勒法官拥有超过40年的争议解决经验，替代性争议解决和司法经验包括涉及专利、许可协议、特许经营协议、商标、版权、商业秘密等知识产权案件。

记者采访：朗科公司此前多次以专利侵权为由，将索尼、华旗等公司诉至法院，如何看待此类专利侵权诉讼？如何看待朗科公司"专利赢利"的商业模式？

回答：朗科公司的专利运营模式，即通过构建专利池，在保护自有产品市场优势的同时进行专利运营，通过专利技术授权许可获得收入，并以专利诉讼作为获得许可费的保障。

这种专利运营模式对于高科技企业来说，可以从所掌握的核心技术上获得超额市场回报，但是也面临不少风险，一方面是专利被无效的风险，朗科公司在其发展过程中就经历了一系列专利无效诉讼；另一方面是专利期届满导致的专利失效的风险，一旦专利被无效或失效，就将失去专利运营的基础。同时，还可能面临因产业升级、技术更新等带来行业性风险。这就要求企业有持续创新的能力，一方面保证核心业务的基础性专利的稳定性，另一方面通过持续创新不断扩展新的业务领域。

二、如何看待知识产权证券化及其未来？

笔者就国内发行首单知识产权资产证券接受《中国知识产权报》记者侯伟采访，采访报道刊登于《中国知识产权报》2019 年 1 月 4 日第 9 版《知识产权资产证券的喜与忧》。

新闻事件

2018 年 12 月，奇艺世纪知识产权供应链资产支持证券（Asset Backed Securitization，ABS）在上海证券交易所成功发行，标志着我国首单知识产权资产证券成功落地。奇艺世纪知识产权供应链 ABS 基础资产债权的交易标的物全部为知识产权，原始权益人为天津聚量商业保理有限公司，核心债务人为北京奇艺世纪科技有限公司，差额补足人为中证信用增进股份有限公司，计划管理人和销售机构均为信达证券股份有限公司，评级机构为联合信用评级有限公司，法律顾问为北京市竞天公诚律师事务所上海分所。

记者采访：有专家表示，版权服务商北京奇艺世纪科技有限公司成功实现著作权证券化，将会在很大程度上改善中小企业融资难融资贵的致命问题。对此，您怎么看？

回答：ABS 融资模式，是以项目所属的资产为支撑的证券化融资方式，即以项目所拥有的资产为基础，以项目资产可以带来的预期收益为保证，通过在资本市场发行债券来募集资金的一种项目融资方式。

奇艺世纪知识产权供应链 ABS，其基础资产债权的交易标的物为知识产权，即将上游内容合作方与奇艺世纪之间知识产权交易形成的应收账款作为基础资产，以知识产权的未来许可使用费为支撑，发行资产支持证券进行融资。

奇艺世纪知识产权供应链 ABS 获批，意味着包括著作权在内的知识产权资产可以作为基础资产进入融资，对以内容生产为主的文创公司、影视公司来说，融资渠道更加丰富，降低了内容生产和开发过程中的风险，确实可以在一定程度上改善缓解中小企业的融资困境。与此同时，需要注意的是，并非所有的知识产权都可以作为基础资产支持发行证券融资，需要重点评估知识产权的质量和市场预期，必须是市场预期可以产生稳定的可持续现金流的知识产权才能作为基础资产支持发行证券融资。

记者采访：您怎么看待当下我国著作权证券化发展现状？国外著作权证券化的现状如何？

回答：知识产权证券化可以提高知识资产的流动性，并且提前实现知识产权的货币价值，应该成为未来知识产权发展的新趋势。在著作权领域，特别是影视产业、文化创意产业，前期投入成本高、风险大，融资模式一直在进行创新和优化，著作权证券化的融资方式可以提高著作权的流动性，使得制作方提前实现产品的货币价值，达到融资目的，值得进一步研究推广。

1997 年美国"鲍伊债券"被认为是首例利用知识产权证券化融资的，即将录制发行的专辑的著作权进行打包证券化，以作品产生的所有收入支付利息，发行 10 年期债券。在欧洲，以英国和意大利为代表，对影片著作权、音乐著作权、体育门票收入、电视转播权等也都有证券化融资。日本的商业银行如住友银行，也推出基于知识产权为担保抵押的融资工具。

记者采访：有专家表示，著作权证券化真正的问题，不在于创新之初，而在于后期的规则制定、实施和监管。对此，您怎么看？您认为著作权证券化可能存在哪些难点？

回答：著作权证券化的难点主要有内部原因和外部环境两个方面：

第一，内部原因，不仅要选择优质版权作为基础资产，还需要考虑到市场运作的不确定风险。在著作权证券化过程中，关键是品质优良、市场预期稳定、可带来持续现金流的著作权作品。然而，越是大规模商业化运作的享有著作权的作品，其市场不确定性也就越大，包括同档期竞争作品、同类作品上映或上市时间差异、主要演员道德风险等。

第二，外部环境，不仅有赖于规范的证券信用评级系统，还需要严格的知识产权执法环境。在著作权证券化过程中，证券风险评估是专业性非常强的工作，依赖于有良好信用和丰富经验的专业评级机构，一旦评级不规范、不透明、缺乏统一的标准，就会影响投资者的判断，从而损害著作权证券化的信誉。另外，盗版将严重影响著作权收益，只有严厉打击盗版侵权，才能保护著作权产业以及以著作权为基础的证券融资。

三、如何保护体育赛事知识产权？

2019年4月，湖北省政府颁布的《湖北省第七届世界军人运动会知识产权保护规定》开始正式施行，为于2019年10月在武汉举行的第七届世界军人运动会做好准备。

该规定出台以后受到业界广泛关注。事实上，我国在体育运动会知识产权保护方面，已经出台过诸多规定。例如，2001年7月13日，北京市获得2008年夏季奥运会主办权，同年10月就颁布了《北京市奥林匹克知识产权保护规定》；为举办2011年的世界大学生夏季运动会，深圳市政府于 2008 年颁布并开始施行《深圳第 26 届世界大学生夏季运动会知识产权保护规定》；为举办 2014 年青年奥林匹克运动会，南京市政府于 2010 年底颁布《南京市青年奥林匹克运动会知识产权保护规定》，并于 2011 年 1 月 1 日起施行。

上述地方政府出台的"知识产权保护规定"中均规定，体育赛事有关的商标、特殊标志、专利、作品和其他创作成果，甚至商业秘密所享有的专有权利归于赛事的国际主办方、中国主办方以及赛事的组委会所有，禁止任何未经授权、为商业目的使用，包括在生产、经营、广告宣传、表演和其他活动中使用相同或者近似的商标、特殊标志、专利、作品和其他创作成果；伪造、擅自制造相同或近似的商标标识、特殊标志或者销售伪造、擅自制造的商标标识、特殊标志；变相利用相同或者近似的商标、特殊标志、专利、作品和其他创作成果；在登记注册和网站、域名、地名、建筑物、构筑物、场所等名称中使用相同或者近似的商标、特殊标志、专利、作品和其他创作成果等。

需要注意的是，针对体育赛事知识产权保护的地方政府规章，包括《北京市奥林匹克知识产权保护规定》，与国务院出台的《奥林匹克标志保护条例》不同，《奥林匹克标志保护条例》创设了一种全新的权利，即奥林匹克标志商品化权或奥林匹克标志产品专营权，奥林匹克标志权利人对奥林匹克标志享有专有权，未经奥林匹克标志权利人许可，任何人不得为商业目的（包括潜在商业目的）使用奥林匹克标志。而地方政府规章并不能事实上也没有专门设立针对某体育赛事的知识产权，而只能是落实和强化对针对该赛事的知识产权的保护。从这个层面而言，之前就有学者提出过质疑，认为此类地方政府出台的知识产权保护规定的法律效力位阶较低，如果其内容与上位法律、法规相同，则仅仅是重复规定或具体化；如果其内容与上位法律、法规相异，则适用上位法而使其归于无效，导致此类规定的真正用武之地有限。❶ 因而，从学理上看，地方政府出台此类规

---

❶ 韦之.保护奥运知识产权的现行法律依据 [J].科技与法律，2004（3）：44-46.

定的宣誓意义似乎要大于实践价值。

事实上，由于国际奥委会已经在中国商标局对奥林匹克五环标志进行了商标注册，早在 1998 年，在北京市一中院审理的中国奥林匹克委员会诉汕头市金味食品工业有限公司侵犯奥林匹克五环标志商标专用权一案中，法官即以商标侵权纠纷处理，认定未经授权在产品包装和广告上使用五环标志构成商标侵权。而根据 1996 年 7 月制定施行的《特殊标志管理条例》，奥林匹克五环标志也可以作为特殊标志在我国申请保护。也就是说，从司法层面，即便没有地方政府颁布的相关知识产权保护规定，也不会影响体育赛事的主办方在我国寻求相关知识产权的法律保护。

然而，还有另一个值得关注的问题，即作为体育赛事的举办地，如何充分利用这一机遇，以举办体育盛典打造城市品牌，以体育赛事知识产权的严格保护推动当地营商环境的进一步提升优化。

在 2009 年 4 月的国务院新闻发布会上，时任国家知识产权局局长田力普就曾经专门指出，北京对奥运知识产权的保护成绩显著，得到了国际奥委会主席雅克·罗格的充分肯定，同时也赢得了国际社会的广泛赞誉。2012 年伦敦夏季奥运会被认为采取了有史以来最严格的措施来防范和打击盗用奥林匹克标志的行为，包括在奥运期间专门配备了近 300 名训练有素的工作人员在比赛场馆附近展开全面巡查，以防止埋伏营销等隐性市场行为，消除街头交易和门票倒卖。为保证奥运会的顺利组织实施，英国议会早在 2006 年 3 月 30 日即通过并于当天开始施行《伦敦奥运会和残奥会法》，其中设立专门章节对广告投放、街头交易、奥林匹克标志的使用进行规范，特别强调对于官方赞助商与商业合作伙伴利益的保障，防止任何未经授权使用奥林匹克标志从而使公众误认为其与奥运会、残奥会存在一定关联性的商业行为。

实践中，地方执法部门更是认为完善的地方法制建设是做好大型赛事知识产权保护工作的前提。2014 年 8 月第二届青年奥林匹克运动会在南京成功举办之后，南京市工商局在总结大型赛事知识产权保护工作经验时特别指出，通过事先发布并施行《南京市青年奥林匹克运动会知识产权保护规定》等地方法律文件，让各有关部门明确各自职责，让执法部门开展工作有法律依据，从而有效控制了大量可能发生的知识产权侵权行为。

由此可见，以知识产权为基础的商业关系对于体育产业的健康、持续发展至关重要。对于体育赛事的举办地，通过对严格保护体育赛事的知识产权，优化提升城市营商环境、打造良好的城市品牌，才能真正共享体育盛典带给城市的荣光。

四、推广非物质文化遗产需要注意什么？

笔者就"非遗＋电商"模式接受《中国知识产权报》记者侯伟采访，采访报道刊登于《中国知识产权报》2019 年 6 月 21 日第 10 版《"非遗＋电商"的喜与忧》。

新闻事件

2019 年 6 月 8 日是中国文化和自然遗产日，在文化和旅游部非物质文化遗产司、广东省文化和旅游厅指导与支持下，唯品会公益联合艾瑞咨询、广东省振兴传统工艺工作站、文木文化遗产技术服务中心共同发布《2019 年非遗新经济消费报告》。该报告显示，作为非物质文化遗产（以下简称"非遗"）的时尚产品覆盖品类日益丰富，且以"95 后"为代表的年轻消费者对"非遗"产品的溢价认知不断提升，"非遗"手艺人的生产效率与收入双双提高，消费升级打开了"非遗"消费新市场，实现有效助力精准扶贫，"非遗新经济"效应初显。

记者采访："非遗＋电商"这种"非遗"新经济的情况在目前多见吗？

回答：前些年在电商平台上，"非遗"产品并不多见，近几年随着《我在故宫修文物》《手造中国》《了不起的匠人》等多部近距离展现非物质文化遗产技艺和传承人的纪录片的热播，大众对于"非遗"和"非遗"产品有了更多的了解和兴趣。

电子商务恰好可以满足大众的需求，搭建起"非遗"产品和消费者之间的平台。所以，近年来"非遗＋电商"的模式已经日益普及，仅以淘宝网为例，以"非物质文化遗产"或"非遗"为关键词搜索淘宝店铺，可以搜索到近四千多家相关店铺，经营的产品包罗万象，以工艺品为主，还有日用品、食品、药品等。一些店铺在销售"非遗"产品的同时，还会介绍"非遗"的知识和技艺，有些店铺还直播"非遗"产品制作过程。

记者采访：您怎么看待"非遗＋电商"这种"非遗"新经济模式，需要注意什么？

回答："非遗＋电商"模式将大力推动"非遗"的传播，带动当地经济发展，与此同时也需要注意以下两点。

第一，尊重"非遗"技艺自身的特点，不能追求"爆发式"发展。真正的"非遗"保护应该是"活态"的，是由人们在生产生活中进行传承和发展，而不是"博物馆"式的记录式保护。"非遗＋电商"模式通过扩大消费群体增加了市场对"非遗"产品的需求，一方面可以激励人们对"非遗"传承的积极性，另一方面快速增长的外部需求也会对坚守"非遗"技艺造成冲击。"非遗"中传统手工艺产品的制作有其特定的流程，需要工匠精神，不能操之过急。电商推广带来的大规模采购，有时候并不符合"非遗"产品自身的生产制作规律。例如，《舌尖上的中国3》让"章丘铁锅"一夜走红，销量暴增，最终导致商家公告说"章丘无锅"，请大家理性消费。然而，消费者还是可以从其他商家购买到号称"章丘铁锅"的产品，但那些铁锅质量良莠不齐，甚至以次充好，这就是对"章丘铁锅"这一"非遗"产品的过度消费。

第二，尊重"非遗"特有的文化生态环境，将"非遗"保护与文化生态保护区建设相结合。"非遗"的产生都是特定自然、社会、经济和历史等综合因素造成的，因此"非遗"的发展离不开特有的文化生态环境，保护"非遗"也必须同时保护其赖以生存和发展的环境。"非遗＋电商"模式可以通过产品销售带动当地经济发展，所产生的经济效益应当反哺当地，规划和建设相应的文化生态保护区。例如，武陵山区（湘西）土家族苗族文化生态保护实验区，把"非遗"保护与物质文化遗产保护、传统村落保护和文化旅游有机结合，保留"非遗"存续和发展的空间。

记者采访：您还有其他需要补充的吗？

回答：关于非物质文化遗产的传承和发展，需要注意 2011 年 6 月 1 日起施行的《中华人民共和国非物质文化遗产法》（以下简称《非物质文化遗产法》）并没有对非物质文化遗产本身提供知识产权保护。

首先，《非物质文化遗产法》是行政法，规范和调整的主要是政府、国家在保护非物质文化遗产方面的职责，并不是提供一种民事保护。其次，《非物质文化遗产法》所规定的"代表性传承人"只是该"非遗"项目的传承人之一，并不是该项目的独占者，也不享有排他性权利。最后，《非物质文化遗产法》不涉及非物质文化遗产本身的知识产权保护问题。该法第 44 条规定："使用非物质文化遗产涉及知识产权的，适用有关法律、行政法规的规定。"该条款针对是在使用"非遗"过程中涉及的、法律和行政法规作出规定的知识产权，如使用"非遗"中涉及著作权、邻接权、商业秘密权等，并不是针对"非遗"本身新创设出一种知识产权。

基于此，"非遗＋电商"发展需要注意以下三点，第一，代表性传承人并不能对某一"非遗"产品的生产或销售享有独占性、排他性权利。第二，"非遗"产品只具有产品、区域和工艺等的区别性，本身不具有商品或服务来源的识别性，因此不同的商家仍然需要通过商标来保护自己的品牌。第三，地方政府应当对合理利用"非遗"代表性项目的单位予以扶持，对于合理利用"非遗"代表性项目的，可以享受国家规定的税收优惠。

第二节 商标侵权与不正当竞争纠纷

一、同名作品如何降低侵权风险？

笔者就电影《爱情公寓》陷入商标侵权及不正当竞争纠纷接受《中国知识产权报》记者张彬彬采访，采访报道刊登于《中国知识产权报》2018年8月22日第8版《同人作品如何解侵权之忧？》。

新闻事件

电影《爱情公寓》是情景电视剧《爱情公寓》的电影版。2018年8月，在《爱情公寓》电影上映前夕，联凡计算机技术（上海）有限公司，自己拥有"爱情公寓""曾小贤""胡一菲"等注册商标，同时，电影《爱情公寓》的创意取自其享有权利的电视剧《爱情公寓》和《爱情公寓2》，电影宣传中使用了"原班人马十年重聚"等宣传语，构成商标侵权和不正当竞争。因此请求法院判令上海高格影视制作有限公司等被告停止所有宣传、发行电影《爱情公寓》的商标侵权及不正当竞争行为，并连带赔偿其经济损失及合理费用5100万元。

记者采访：电影只用人名不用之前的故事情节，这种是否类似于同人作品，这种行为是否构成侵权？

回答：这个问题分为两个部分，首先，关于影片同名问题。一般情况下，影片名称不能获得著作权法的保护，因此通常情况不宜禁止他人在相同或近似的电影题材上使用相同或者近似影片名称。但是，对于知名度很高的影片，如果影片名称反映出电影题材延续性、内容类型化、叙事模式相对固定等特点时，使用相同名称拍摄的电影又属于相同类型的题材，且叙事模式近似，就容易导致观众对影片的制作方产生误认，或者认为前后影片制作方之间具有特定联系，这时就可能构成不正当竞争行为。类似的案件有 2015 年最高人民法院终审判决的《人在囧途》制片方诉《泰囧》制片方不正当竞争案。

其次，关于同人作品问题。同人作品，是指在新创作的作品中使用了已有作品中相同或近似的角色，通常情况下，新作品不仅会使用原有的角色名称，还会延用该角色的性格特征、社会关系等元素。如果上述使用还伴随着具体情节的展开被纳入新作品中，则可能导致新作品与已有作品构成实质性相似，构成著作权侵权。如果只是单纯使用原角色的名称和符合化的个性特征（如正直善良、古怪精灵等），以及简单化的人物关系（如父子关系、恋人关系等），则通常不构成著作权侵权。

虽然不构成著作权侵权，但是如果已有作品中的角色已经具备了很高的知名度和影响力，读者或观众已经对角色与原有作品之间建立了稳定的联系，具备了特定的指代与识别功能，那么利用已有角色创作的新作品，即同人作品，就能够借助已有作品的知名度和影响力来提高新作品的市场吸引力，从而获得市场竞争优势，同时也可能挤占已有作品后续创作的市场空间，因此可能构成不正当竞争。类似案件有 2018 年 8 月广州市天河区人民法院一审判决的金庸诉江南等《此间的少年》著作权侵权及不正当竞争纠纷案。

记者采访：如果制作方想根据知名电视剧的人物重新创作电影作品，该如何降低侵权风险？

回答：如果希望利用知名电视剧的人物创作电影作品，获得原作品制片方的授权或者与原作品制片方合作拍摄新作品都是首选途径。因为在没有获得授权的情况下进行创作，电影上映后被控侵权或者构成不正当竞争的风险相当高。

同人作品本质上就是希望利用原有作品角色已经在观众或读者中形成影响力，从而帮助新作品在同类作品的市场竞争中占据优势地位。如果没有得到原作品制片方的授权，无论在新作品的创作中如何小心翼翼避免在情节上的雷同，也很难摆脱利用原作品的影响力，而且原作品的知名度越大，这种利用就越明显。同时，同人作品的市场宣传策略通常都再次验证了对原有作品知名度的利用，如《爱情公寓》电影使用"从 2009 到 2018""爱情公寓带着你的青春回来了"等宣传语，都是希望将新作品指向已有的知名作品，从而再次证明了借助已有作品知名度和影响力吸引读者和观众的意图。

因此，同人作品即使不构成著作权侵权，也很难摆脱不正当竞争的指控。同时，需要指出，随着影视行业知识产权保护意识增强，还会使用商标权来对作品进行保护，如《爱情公寓》电视剧制片方就已经对"爱情公寓"及剧中主要角色申请注册商标，这也导致后续电影在发行和宣传中，还将面临商标权侵权指控。

二、如何保护原创表情包的著作权？

笔者就"捂脸"表情被申请商标及表情包的版权保护接受《中国知识产权报》记者侯伟采访，采访报道刊登于《中国知识产权报》2018 年 9 月 28 日第 9 版《表情版权保护：勿"捂脸"，应直视》。

新闻事件

在微信里，"捂脸"是很多人在聊天时常用的表情，2017 年 11 月"捂脸"表情被人在第 25 类服装鞋帽上提出商标注册申请。国家知识产权局商标局于 2018 年 8 月初步审定公告了该商标，异议期限为 2018 年 8 月 14 日至 2018 年 11 月 13 日。申请人表示，自己申请该商标主要用于服装产品，与微信不属于同一领域，并未构成侵权，同时也不会影响网友在聊天中使用"捂脸"表情。腾讯方面表示，将在法定时限内对该商标提出异议申请。据微信表情团队介绍，"捂脸"表情由微信的三四名设计师历时 5 个月完成，共经历了 5 次改版。这一纠纷引发了公众对表情版权保护的高度关注。

记者采访：您如何看待当下表情包市场发展现状？

回答：表情包已经成为一种网络表达方式，甚至是一种必不可少的网络情感表达方式，很多时候，一个表情包所传递的情绪和态度抵得上一大段语言，因此表情包的使用率非常高。

在大量使用表情包的同时也面临版权侵权风险。从制作表情包的素材来源划分，表情包素材可以分为两种类型，一种是原创图片或视频，另一种是他人享有版权的图片或视频。对于利用原创图片或视频制作的表情包，创作者享有版权；对于利用他人享有版权的图片或视频制作的表情包，如果没有获得授权，那么使用上述素材制作表情包则可能构成侵权。

记者采访：表情包市场发展的同时，也存在一些版权问题，您认为该如何保护表情包版权？

回答：表情包市场健康发展关键是要鼓励和支持原创表情包作品的创作。具体措施可从以下两方面入手：一是，要鼓励原创表情包作品的发布，同时在表情包的发布平台增加对作品的自查和审查机制，尽可能杜绝侵权表情包的发布。二是，要建立合理的表情包使用付费机制或其他方式的回馈机制，以此鼓励和支持原创表情包作品的创作。

目前微信平台的表情包发布和激励机制基本符合上述原则。首先，微信平台接受表情包的投稿，经过审核后，对于符合标准的表情包开放给用户使用。微信平台要求提交表情包的人必须拥有表情作品的版权或者已获得授权，所提交的表情作品版权仍然归属投稿人或授权人。其次，用户使用大部分"微信"的表情包不需要付费，但是可以通过"赞赏"的方式给表情包的制作方一定的经费支持。对于用户支付的表情赞赏的资金将全部进入表情包发布者指定的微信零钱账户。

三、如何有效维护驰名商标的价值？

笔者就"微信"商标及不正当竞争案接受《中国知识产权报》记者侯伟采访，采访报道刊登于《中国知识产权报》2018年12月19日第8版《"微信"名称不能想用就用》。

新闻事件

因认为深圳市微信食品股份公司（以下简称"微信食品公司"）在企业名称中擅自使用"微信"字样，腾讯科技（深圳）公司及腾讯科技（北京）公司（统称"腾讯公司"）以侵犯商标权和不正当竞争为由将微信食品公司诉至法院。2018年12月14日，北京知识产权法院对该案作出一审判决，认定"微信"属驰名商标，判令微信食品公司停止使用该企业名称、及时更名，并赔偿腾讯公司经济损失及合理费用共计1020万余元。

微信

图 4-1　诉争商标

图 4-2　涉案的 3 个商标

记者采访：您怎么看待这个案子？

回答：该案体现了司法机关对驰名商标加大保护的司法政策，重视制止造成驰名商标淡化的侵权行为，维护驰名商标的品牌价值。

法院审理中首先确认了腾讯"微信及图"及"Wechat"涉案

四枚商标构成驰名商标。该案被告的行为构成对驰名商标的商标侵权和不正当竞争，包括被告在经营活动中突出使用"微信食品""WECHAT FOOD"标志，容易使相关公众对商品或服务的来源产生混淆，侵犯了涉案驰名商标的专用权；被告将涉案驰名商标中的显著识别部分"微信"作为企业名称中的字号进行注册和使用，误导公众，构成不正当竞争行为。

记者采访：您认为在申请商标注册中，需要注意哪些问题？

回答：该案对于商标注册和企业名称登记注册也有一定的借鉴意义。在商标注册和企业名称登记注册时应该尽可能避免"傍名牌"的行为，即将他人的驰名商标在该商标尚未注册的品类进行注册，或者将该商标中具有显著识别的部分作为自己企业名称中字号部分进行登记注册。

法律保护和鼓励的是公平竞争市场的行为。上述"傍名牌"的行为可能在短时间内更容易吸引消费者的注意力，获得一定的利益，但是正是因为这种利益是来源于消费者对驰名商标的信赖，不仅可能损害驰名商标持有人的市场利益，也可能对驰名商标造成淡化，因此通常都会构成商标侵权和不正当竞争。

记者采访：您还有其他要补充的吗？

回答：该案也体现出法律对驰名商标的保护力度要大于普通商标。

首先，对于就不相同或者不相类似商品申请注册的商标是复制、摹仿他人驰名商标，误导公众，致使该驰名商标注册人的利益可能受到损害的，《商标法》规定不予注册并禁止使用。微信食品公司的第10213090号"微信"商标已经被腾讯公司以该商标系对其驰名商标的复制和摹仿为由，提出了无效宣告申请，已经被无效。

其次，对于将他人注册商标或未注册的驰名商标作为企业名称中的字号使用，误导公众，构成不正当竞争行为的，要依照《反不正当竞争法》进行处理。该案中被告将腾讯公司驰名商标中的显著识别部分"微信"作为企业名称中字号进行注册和使用，误导公众，构成不正当竞争行为。

第三节　著作权和邻接权侵权纠纷

一、同人作品创作需要注意哪些事项？

笔者就金庸诉江南等著作权侵权及不正当竞争纠纷案接受《中国知识产权报》记者李思靓采访，采访报道刊登于《中国知识产权报》2018年8月29日第9版《武侠人名之争，金庸先胜一局》。

新闻事件

2018年8月16日，广东省广州市天河区人民法院对查良镛（笔名金庸）诉杨治（笔名江南）等著作权侵权及不正当竞争纠纷一案作出一审判决，判令江南、联合出版公司、精典博维公司立即停止不正当竞争行为，停止出版发行《此间的少年》，销毁库存书籍并公开赔礼道歉、消除不良影响，江南赔偿金庸经济损失及合理开支188万元，联合出版公司、精典博维公司就其中的33万元承担连带责任。该案是我国首例被判侵权的同人作品知识产权案件，法院判决后，引起业界广泛讨论。

记者采访：作为"同人作品第一案"，您如何看待该判决结果？

回答：该案判决体现了法院对既有作品著作权人的有力保护，同时在赔偿金额上也充分考虑到同人作品的创作特点，在既有作品和同人作品之间寻求平衡。

首先，法院支持了金庸的主要诉讼请求，包括停止出版发行并销毁库存；在主流媒体赔礼道歉；赔偿经济损失和合理开支共计188万元，体现出对原创作品的保护。同时，法院要求败诉方承担维权成本，对于原告方提出的律师费用全部予以支持，同样体现出对著作权人利益的保护。

其次，在经济损失计算上，综合考虑原告作品元素在同人作品中所占的比例及重要性程度。对于原告主张以同人作品全部版税、经营利润作为侵权获利的请求没有支持，而是确定贡献率为30%，以此计算赔偿金额，体现出对既有作品和同人作品各自市场利益的平衡。

记者采访：该案的判决有何意义？

回答：该案判决不仅对认识和理解同人作品面临的法律风险具有指导意义，同时对于同人作品的创作亦具有启示作用。

第一，公开出版发行同人作品，需要获得既有作品著作权人的授权，否则构成著作权侵权或者不正当竞争行为的风险相当高。

"同人作品"并非法律概念，指在新创作的作品中使用了既有作品中相同或近似的人物形象，通常情况下，新作品不仅会使用原有的人物名称，还会延用该人物的性格特征、社会关系等元素。同人作品本质上是希望利用既有作品中人物在读者中形成的影响力，从而帮助新作品在同类作品的市场竞争中占据优势地位。同人作品的市场宣传策略通常也验证了对既有作品知名度的利用，如《此间的少年》在首次出版时将书名副标题定为"射雕英雄的大学生涯"，就是希望将新作品指向金庸既有的知名作品，借助既有作品知名度和影响力来吸引读者。因此，即使同人作品在创作时尽量避免情节上产生雷同，避免与既有作品构成实质性相似，避免读者对两部作品产生相同或相似的阅读体验，也很难摆脱利用既有作品影响力的意图，而且原作品的知名度越大，这种意图就越明显。也就是说，一旦作品进入市场，同人作品即使不构成著作权侵权，但是因其利用既有作品获得市场竞争优势，同时也可能挤占既有作品后续创作的市场空间，就很难摆脱构成不正当竞争行为的指控。

第二，如果同人作品的创作完全基于个人爱好，只是在小范围群体内分享，没有进行商业化发行销售，则可以不必获得既有作品著作权人的同意，但是应当注意新作品不能减损对既有作品的评价，否则可能构成侵犯既有作品的保护作品完整权。

"同人"原意为同好，指有相同志趣的人。同人小说，被译为Fan Fiction，最早是指一种基于个人爱好在原作基础上或基于原作人物原型而进行创作的作品。如果同人作品只在有共同爱好的粉丝群体内传播，应该归于《著作权法》第22条规定的合理使用的范围，即属于"为个人学习、研究或者欣赏，使用他人已经发表的作品"，可以不经著作权人许可，不向其支付报酬，这里需要重点关注的是，同人作品的创作不能对既有作品进行歪曲、篡改，从而导致既有作品和作者的声誉受到损害，降低公众对既有作品和作者的评价。

第三，文艺作品的创作空间是无限的，尽管著作权法并不限制对于同一事件、同一题材进行不同角度的解读和创作，但是，文艺创作应该鼓励创作新的人物形象，而非利用既有作品中具有一定识别度和影响力的人物进行再创作。

从作品的独创性角度而言，同人作品具有先天性的不足。对小说而言，人物是作品的核心，故事情节的推进、故事场景的安排都是围绕人物塑造展开的，可以说一部成功的小说必然塑造出鲜明、生动的人物形象。人物形象，包括其姓名、个性特征和社会关系，是作品中最具有识别度的部分，人物、情节和场景所构成的有机整体是作品独创性的重要表现。因此，对于利用既有作品中人物形象进行再创作的同人作品而言，作品的独创性值得商榷。换句话说，借别人的迟早要还的，利用既有作品中的人物进行再创作，同人作品的相关权利始终面临被挑战的不确定状态。当然，从另一个角度，文艺创作应鼓励百花齐放，对于同人作品的创作并不应当禁止，不应当限制创作自由。同人作品为既有作品提供新的元素、新的洞见，形成良性互动，可以丰富文化市场。

笔者认为，从本质上说，同人作品创作要解决的关键问题是作品利益的分配。也就是说，既有作品的著作权人不能禁止他人以既有作品中人物形象为基础进行新作品的创作，但是，一旦同人作品进入市场，既有作品的著作权人则可以就此主张权利。因此，在创作前获得既有作品著作权人的授权，才是同人作品创作避免法律风险的根本之道。

二、图书引进中如何规范著作权问题？

笔者就北京楚尘文化与上海古籍出版社的版权纠纷接受《中国知识产权报》记者侯伟采访，采访报道刊登于《中国知识产权报》2018 年 9 月 7 日第 11 版《图书引进"引"出版权纠纷》。

新闻事件

《东洋的近世》与《东洋的古代》是日本史学家宫崎市定的两部代表性作品，在史学界有着广泛的影响力。2018 年 8 月，北京楚尘文化传媒公司发文指已获得上述两部作品中文简体版翻译出版权，并称上海古籍出版社出版的《宫崎市定亚洲史论考》（十卷本）中的单册《02 东洋的近世》和《06 东洋的古代》两本书的内容与楚尘文化的单行本《东洋的近世》《东洋的古代》有大量重合，涉嫌构成侵权。对此，上海古籍出版社予以否认，表示其早已获得《宫崎市定亚洲史论考》翻译、出版的授权，并于 2017 年 8 月出版发行了《宫崎市定亚洲史论考》中译本，而楚尘文化于 2018 年 7 月推出的《东洋的古代》《东洋的近世》中译本内容与上海古籍出版社译本内容高度重合，涉嫌侵犯其译本版权。

记者采访：您对两家出版社的版权纠纷以及版权代理环节有什么看法？

回答：上海古籍出版社和北京楚尘文化传媒公司之间的纠纷本质上是外文图书引入中国市场时如何解决和规范版权问题，涉及同一内容的外文图书有不同版本时，谁有权许可对该内容进行翻译，并授权发行该作品的翻译版本；还涉及出版社如何规范化处理外文图书版权信息。

其一，在引进海外图书时，必须注意重复授权的问题，存在一些图书内容和目录相同，但是书名、出版社不同，甚至署名作者也可能存在不一致的情况，这时必须调查清楚谁是该内容的真正权利人。

其二，要重视在中文翻译图书的版权页上规范标注外文图书的版权信息。按照出版业的规范化要求，翻译图书的版权页需要注明原版外文图书的版权声明或版权信息，通常包括外文图书的书名、作者名、版权时间、版权归属、外文图书在中国的版权登记信息，如著作权合同登记号。

最后，海外图书引入中国，专业的版权代理不可缺少，可以是专业的代理机构，也可以是出版社专业的版权代理人。著作权人将其享有权利的作品委托给代理人，由代理人代其行使权利，代理人的版权代理行为产生的法律后果由被代理人，即著作权人承担，版权代理人收取代理费用，由版权代理提供专业化、规范化的服务。

三、知名作者如何防范身后的著作权隐患？

笔者就南怀瑾离世后围绕其作品版权的系列纠纷接受《中国知识产权报》记者侯伟采访，采访报道刊登于《中国知识产权报》2018年10月19日第11版《南怀瑾身后的版权较量》。

新闻事件

已故的知名文化学者南怀瑾是否已将其著作权赠予中国台湾老古文化事业股份有限公司一直备受各界关注。2014 年 10 月，南怀瑾之子南小舜向上海市第一中级人民法院提起诉讼，起诉复旦大学出版社公司、中国台湾老古文化事业公司侵犯其著作财产权，翌年 5 月，南小舜追加上海老古文化教育公司为被告。一审上海市第一中级人民法院否定了老古公司关于南怀瑾赠予作品著作财产权的主张。2018 年 9 月，上海市高级人民法院作出终审判决，认为上海市第一中级人民法院原审判决中关于南怀瑾已将其著作财产权赠予老古公司的判决，并无不妥。

记者采访：您怎么看待这起著作权纠纷？

回答：围绕南怀瑾先生的作品，出现了著作权权属纠纷、出版许可纠纷和著作权侵权纠纷等系列纠纷，南怀瑾先生生前创建和合作的文化公司、出版社，以及南怀瑾先生的继承人等都卷入了这些纠纷中，这也反映出各方对于南怀瑾先生作品的著作权价值的重视。可以说，越有市场传播价值的作品，越可能招致各类纠纷。

记者采访：您认为该如何防范著作权风险？

回答：上述著作权纠纷本质上可以归结为对著作权的争夺，以及对著作权部分权能控制权的争夺。为防范此类风险，需要权利人在生前对作品的著作权作出妥善处理，如通过公证遗嘱的方式，对作为遗产一部分的著作权的分配作出规定。如果权利人有意通过遗赠的方式将自己的著作权赠予不享有继承权的第三方，最好在生前就公开作出这样的意思表示，以免离世后其真实意图受到质疑。

继承人或受遗赠人不仅取得了作者生前已发表的作品的著作权财产权利，同时也取得了未发表遗作的发表权。也就是说对于作者生前未发表的作品，如果作者未明确表示不发表，作者死亡后 50 年内，其发表权可由继承人或者受遗赠人行使。另外，著作权人的继承人、受遗赠人也有义务保护作者的署名权、修改权、保护作品完整权等人身权利在作者死后不被侵犯。

因此，对于著作权人而言，在身前妥善选择继承人或受遗赠人，妥善处理著作权继承或遗赠事宜是十分必要的。

记者采访：您还有其他要补充的吗？

回答：围绕南怀瑾先生作品的纠纷，也反映出作品除了具有财产价值，同时也承载着文化传承的价值。因此，对继承人而言，维护作品的著作权不仅要确保其财产权利的实现，也要尽可能以合适的方式向社会公众传播作品，让作品的文化价值得以传承。

四、为何以侵害表演者权起诉的案件少见？

笔者就邓紫棋诉江苏卫视等侵犯表演者权案接受《中国知识产权报》记者张彬彬采访，采访报道刊登于《中国知识产权报》2018年11月7日第9版《邓紫棋诉江苏卫视侵犯表演者权》。

新闻事件

2018年10月，因认为上海灿星文化传媒股份公司、江苏省广播电视总台、乐视网信息技术（北京）股份公司侵犯其表演者权，艺人邓紫棋及其所属蜂鸟音乐公司将上述三家单位起诉至北京市朝阳区人民法院，索赔1348万元。近年来，因综艺节目引发的著作权侵权纠纷早已屡见不鲜，而以侵犯表演者权为由提起的诉讼却并不多见，由此，该案引发了广泛关注。

记者采访：如何界定表演者权？

回答：根据《著作权法》，表演者对其表演享有的财产权利包括现场直播权、首次固定权、复制发行权和信息网络传播权，即表演者对其表演享有许可他人从现场直播和公开传送其现场表演，并获得报酬的权利；享有许可他人录音录像，并获得报酬的权利；享有许可他人复制、发行录有其表演的录音录像制品，并获得报酬的权利；以及许可他人通过信息网络向公众传播其表演，并获得报酬的权利。根据案情描述，该案中主要涉及现场直播权、首次固定权和信息网络传播权。

记者采访：有没有相关的侵犯表演者权的案例？

回答：以侵害表演者权为由起诉的案件，以下列举两个引起社会关注的案件。

1993年臧天朔起诉国际减灾十年艺术系列组织委员会（以下简称"减灾艺术组委会"）、扬子江音像出版社侵犯其著作权和表演者权。该案北京市中级人民法院一审认为，减灾艺术组委会在向臧天朔付酬后，该歌曲用于电视艺术片的配音和专辑纪念音带，并未侵害臧天朔的权益，认为不构成侵害表演者权。因此，一审法院驳回臧天朔要求被告停止侵害、公开赔礼道歉，并赔偿损失人民币10万元的诉讼请求。臧天朔上诉至北京市高级人民法院，该案后经调解结案，双方当事人达成协议：减灾艺术组委会给付臧天朔2500元；扬子江音像出版社给付臧天朔5000元。根据调解书记载，在二审审理过程中，减灾艺术组委会、扬子江音像出版社承认其行为侵犯了臧天朔的表演者权。

1999年陈佩斯、朱时茂起诉中国国际电视总公司侵犯其著作权和表演者权。该案一审北京市第一中级人民法院认为，虽然中央电视台准许电视总公司使用其节目制作音像制品，但是其节目中还包含了他人作品的著作权或表演者权。因此，国际电视总公司出版、发行的小品虽然是陈佩斯、朱时茂在春节联欢晚会上表演的小品节目，且许可中央电视台录制播放，但并不意味其将小品的著作权、表演者权处分或转让给了中央电视台。国际电视总公司将春节联欢晚会上陈佩斯、朱时茂表演的小品制作专辑销售，不仅要征得中央电视台的许可，而且还应当取得陈佩斯、朱时茂的同意，否则即构成侵权。因此，判决国际电视总公司不得出版发行侵犯原告陈佩斯、朱时茂小品著作权和表演者权的侵权制品，支付侵权赔偿金及合理费用 33 万余元，同时公开赔礼道歉。中国国际电视总公司上诉至北京市高级人民法院，后上诉人以其与陈佩斯、朱时茂庭外已达成和解为理由申请撤回上诉。

记者采访：您怎么看待此类表演者权侵权纠纷？

回答：分析此类案件会发现有两个特点：第一，以侵害表演者权为由起诉的案件并不多见；第二，此类案件以调解结案或在审理过程以达成和解为理由撤诉的比例相对较高。

这其中很重要的原因是，在演艺行业中表演者的权益更多是依赖于表演者与经纪公司、制片方等之间的合同加以约定，而并非通过主张《著作权法》中的表演者权来实现。因此，一旦出现纠纷，首先是通过合同纠纷加以解决，即使以侵害表演者权为由起诉，考虑到表演者的出场费、演出费、片酬等带有一定的商业秘密性质，纠纷双方后期也更可能在法庭之外达成协议，而并不会公开披露更多业内信息。

第四节　信息网络传播权侵权纠纷

一、如何规范和保护短视频的著作权？

笔者就抖音诉百度短视频侵犯信息网络传播权纠纷接受《中国知识产权报》记者张彬彬采访，采访报道刊登于《中国知识产权报》2018 年 9 月 19 日第 8 版《短视频版权归属亟待厘清》。

新闻事件

2018 年 9 月，北京互联网法院自成立以来受理的首起案件引发了广泛的关注：因认为百度在线网络技术（北京）公司（以下简称"百度"）和百度网讯科技公司（以下简称"百度网讯"）负责运营的"伙拍小视频"平台侵犯其著作权，"抖音短视频"运营商北京微播视界科技公司将百度及百度网讯诉至北京互联网法院，请求法院判令百度及百度网讯停止侵权行为，并赔偿经济损失及合理支出 105 万元。

记者采访：抖音中的小视频是否属于作品？

回答：短视频能否构成著作权法意义上的作品，关键在于其是否具有独创性。短视频通常分为两种类型，一类是自行创作、摄制完成，这类原创视频的独创性明显，属于以类似摄制电影的方法创作的作品；另一类是对已有素材进行剪辑、加工、制作而成，这类二次加工而成的短视频通常没有获得原作品作者的授权，同时也很难满足著作权法对于合理使用的要求，因此这类短视频本身就存在侵权的可能。

记者采访：短视频平台之间、短视频平台与用户之间的权利边界在哪儿？

回答：首先，用户要对自己上传平台的短视频是否构成侵权承担责任。如果用户上传的短视频构成侵权，平台在同时满足如下条件时不承担侵权责任，包括明确标示该短视频由用户提供，并公开平台的联系方式；未改变用户上传的视频；不知道也没有合理的理由应当知道用户上传的视频侵权；未从用户上传视频直接获得经济利益；在接到权利人的通知书后，删除相关侵权的视频。

其次，短视频平台应当尽到合理的注意义务。判断平台是否应当承担侵权责任，主要考虑以下两方面因素：第一，短视频内容的知名度；第二，平台是否对短视频进行了分类和推荐等。对于知名度较高的视频内容，平台承担更大的注意义务；如果平台对视频内容进行了分类和推荐，也需承担更大的注意义务。

记者采访：短视频平台应该如何避免侵权风险？

回答：短视频平台为了避免侵权风险最重要的就是尽到合理的注意义务，包括建立著作权侵权预警和防范机制，具体措施如采取相应的技术措施对用户上传的短视频内容进行形式审核后才发布；又如在用户上传前弹出相关著作权问题告知和自查指南，用户点击已阅并作出相应承诺后才可以上传视频。

二、微信小程序是否适用通知—删除规则？

笔者就国内首例涉微信小程序著作权侵权案接受《中国知识产权报》记者侯伟采访，采访报道刊登于《中国知识产权报》2019 年 3 月 8 日第 9 版《社交传播莫触版权红线》。

新闻事件

2018 年 8 月，杭州刀豆网络科技有限公司（以下简称"刀豆公司"）向法院起诉，称长沙百赞网络科技有限公司（以下简称"百赞公司"）未经许可，擅自通过所经营的"在线听阅""咯咯呜""回播"等微信小程序提供其享有信息网络传播权的《武志红的心理学课》在线播放服务，涉嫌构成著作权侵权。刀豆公司将百赞公司诉至法院，并将腾讯公司列为共同被告。2019 年 2 月 27 日，杭州互联网法院对该案进行了一审公开宣判，判决百赞公司赔偿原告经济损失每案 1.5 万元；腾讯公司作为微信小程序平台的管理者，不适用"通知—删除"规则。

记者采访：对于法院的判决，您怎么看？

回答：该案是针对微信小程序内容著作权侵权纠纷的第一案，具有重要意义。

第一，该案澄清了"通知—删除"规则的适用范围。根据《信息网络传播权保护条例》的规定，"通知—删除"规则适用于提供信息存储空间或提供搜索、链接服务的网络服务提供者，对于根据服务对象指令提供网络自动接入服务，或者为服务对象提供自动传输服务的，在未选择并且未改变所传输作品、表演、录音录像制品时，不承担赔偿责任。因此，网络服务提供者对于小程序中的内容不适用"通知—删除"规则。

第二，该案对小程序的监管提出了挑战。小程序不适用"通知—删除"规则的一个重要原因在于网络服务提供者无法精准删除小程序中的侵权内容，而因部分侵权行为整体删除小程序也不合适。但是，目前小程序的侵权投诉通道仍然以微信公众平台为主，如果网络服务提供者不承担"通知—删除"义务，那么就会导致被侵权方只能通过诉讼途径进行维权，不及时删除侵权内容也会导致因侵权行为所造成的损失进一步扩大。因此，这就对如何监管小程序所提供的服务以及小程序中的内容提出了新的挑战。

第三，该案同时提出了如何促进移动互联网领域新技术、新业态良性发展的问题。小程序是移动互联网领域的新业态，因其对用户需求的精准把握以及操作的便捷性深受用户喜爱。小程序的出现，一方面为作品传播提供了新的渠道和新的模式，增加了知识产权权利人的收益，另一方面小程序也可能提供侵权内容，从而损害权利人的利益。技术是中立的，如何运用技术才是关键。因此，为了促进互联网领域的良性发展，不仅要在保护知识产权权利人利益与促进新技术新业态发展之间寻求平衡，同时更要营造一个尊重知识产权的大环境。

三、视频聚合平台在线播放是否构成侵权？

笔者就深圳市南山区人民法院审理的腾讯公司诉上海千杉网络技术有限公司著作权权属、侵权纠纷，与该院知识产权庭庭长黄娟敏展开讨论。该案入选了 2018 年广东省高院"加强民营经济司法保护十大典型案例"。讨论内容见 2019 年 9 月完成录制并上线的"学堂在线"（next.xuetangx.com）慕课"知识产权法律及实务"第 12 讲"如何认定网络服务提供者的责任——信息网络传播权及案例"。

案件简介

原告腾讯公司是《北京爱情故事》电视剧作品的独家信息网络传播权人。2015 年 5 月，腾讯公司发现千杉公司通过破解自己设置的专门技术措施在其运营的"电视猫"平台 App 上提供了在线播放和下载服务。腾讯公司认为，此行为构成《著作权法》第 48 条第 6 款规定的"故意避开或破坏权利人为其作品所采取的保护著作权或与著作权有关的权利的技术措施"的侵权，同时也侵犯腾讯公司的信息网络传播权，遂诉至法院。被告千杉公司辩称，其是通过爬虫技术抓取"腾讯视频"的相关信息，从而获得有效视频源播放地址进行链接播放，未实施作品的提供行为。同时，在电视猫网站上已经声明，自己提供的是链接服务，并没有提供作品本身。

何隽：腾讯诉千杉案的焦点是，千杉公司在其运营的"电视猫"软件上提供涉案作品在线播放服务的行为是否构成侵权？具体而言，又可以分为两个问题：第一，千杉公司通过何种方式获取涉案作品？第二，千杉公司的行为是否构成侵权，以及侵犯何种权利？

针对第一个问题，根据腾讯公司提交的司法鉴定意见书证明，腾讯视频设定了视频播放地址的鉴真密钥和视频播放密钥。如果没有准确的地址密钥和播放密钥，无法获取相应视频内容进行播放，而这两类密钥无法通过链接地址获得。千杉公司通过技术手段解析了应该只由腾讯公司专用视频播放服务程序才能生成的特定密钥值，突破了腾讯公司安全防范措施，获取了服务器中存储的视频数据，进而实现在"电视猫视频"软件界面中播放视频剧集的过程。显然，上述过程不是通常意义上的链接行为。因此，法院认定千杉公司是通过破坏技术措施而获得腾讯公司的视频数据。

针对第二个问题，千杉公司通过破坏腾讯公司的技术措施获取涉案作品，并在"电视猫"上进行播放。根据《著作权法》的规定，未经著作权人许可，故意避开或者破坏权利人为其作品、录音录像制品等采取的保护著作权的技术措施的，构成侵权。因此，千杉公司的行为已构成侵权。对于双方争议的千杉公司是否侵犯腾讯公司信息网络传播权的问题，判断的关键在于千杉公司的行为是否构成法律所规定的作品"提供行为"。该案中，从千杉公司的行为表现看，主观上具有在其软件上直接为用户呈现涉案作品的意图，客观上也使用户在其软件上获得涉案作品，同时使得涉案作品的传播超出了腾讯公司的控制权范围，构成未经许可的作品再提供，侵害了腾讯公司的信息网络传播权。

腾讯诉千杉案，是网络环境下视听作品信息网络传播权侵权案件的代表，涉及司法实践中关于盗链行为侵害信息网络传播权的不同认定标准。随着移动互联网技术的发展，以及用户对移动端视频导航的需求，产生了大量的聚合类视频软件。这类视频聚合软件在为用户提供一站式服务的同时，也引发了一个问题，即包括盗链在内的深度链接行为，究竟是网络服务提供行为还是作品提供行为？不同的判断会带来截然不同的后果：如果被认为是网络服务提供行为，则不构成侵权，而如果被界定为作品提供行为，则构成侵权。那么在司法实践中对侵害信息网络传播权有哪些认定标准？

黄娟敏：在论证视频聚合软件的盗链行为是否构成作品提供行为方面，司法实践的确有不同认定标准。第一种，服务器标准，将作品置于服务器是认定构成作品提供行为的唯一合理标准，包括盗链在内的深度链接行为并非将作品初始上传至服务器，而仅使得已处于网络传播状态的作品进一步扩大传播范围，该行为属于网络服务提供行为。第二种，用户感知标准，从网站的外在表现形式进行判断，认为根据网络用户的感知，如果设链行为使得用户认为该内容是设链者提供的，即应认定设链者实施了作品提供行为，在实践中多从是否有页面跳转过程、是否标注被链接内容的来源、是否是全网搜索等方面进行判断。第三种，实质替代标准，认为因选择、编辑、整理等行为、破坏技术措施行为及深层链接行为，对权利人造成的损害及行为人所带来的利益与直接向用户提供作品的行为并无实质差别，应认定该行为构成作品提供行为。

何隽：那么，在腾讯诉千杉案件中，法院是如何对盗链行为作出信息网络传播权侵权判断？

黄娟敏：必须严格按照法律规定对盗链行为进行判断，从而进一步认定是否侵犯信息网络传播权。根据《著作权法》第 10 条第（十二项）规定，信息网络传播权即以有线或无线方式向公众提供作品，使公众可以在其个人选定的时间和地点获得作品的权利。《最高人民法院关于审理侵害信息网络传播权民事纠纷案件适用法律若干问题的规定》第 3 条规定，网络用户、网络服务提供者未经许可，通过信息网络提供权利人享有信息网络传播权的作品、表演、录音录像制品，除法律、行政法规另有规定外，人民法院应当认定其构成侵害信息网络传播权行为。因此，是否构成作品提供行为是判定侵害信息网络传播权的前提条件，要解决这一争论，还是必须回到法律的规定上，严格按照法律标准对"提供行为"进行理解和阐释，以明确盗链行为的性质从而进一步对是否侵害信息网络传播权进行认定。

司法解释明确对"提供行为"进行了解释，即"通过上传到网络服务器、摄制共享文件或者利用文件分享软件等方式，将作品、表演、录音录像制品置于信息网络中，使公众能够在个人选定的时间和地点以下载、浏览或者其他方式获得的"，应认定为提供行为，该解释列举了可以作为"提供行为"的几种方式，但并未将提供行为仅仅限定在上述方式的范围内。结合该案，千杉公司通过破坏技术措施，直接从腾讯视频的存储服务器中抓取视频数据，并将该数据内容由腾讯视频的服务器直接传输到"电视猫"进行解读、播放，虽然未实施将涉案视频置于服务器的行为，且从技术上该行为仍是通过链接技术来实施的，但因为该链接之上附加了千杉公司有意识的破坏技术措施等行为因素，超出了网络技术服务应有的范围，事实上导致其能够在权利人不知情的情况下，主导、操纵整个传播流程，实际上窃取了作品传播者的地位，使得涉案视频在未经权利人允许的范围和渠道进行传播，构成未经许可的作品再提供行为。

何隽： 也就是说，在该案中，千杉公司破坏腾讯公司的技术措施而擅自扩大涉案作品传播权限的盗链行为，使得作品的传播超出了权利人本来的控制范围，构成未经许可的作品再提供，本质上是对腾讯公司的信息网络传播权造成的直接侵害。

黄娟敏： 是的。侵害信息网络传播权的本质，就是未经许可擅自行使权利人的信息网络传播权，或者直接破坏权利人对其专有权的控制。在实际案件中，对侵权行为的判定标准必须结合法定要素和法律特征予以综合衡量。

附　　录

附录一　中国（深圳）知识产权保护中心调研总结 *

2019 年 4 月 11 日，笔者带领清华大学深圳国际研究生院 8 名硕士研究生对中国（深圳）知识产权保护中心（简称"保护中心"）进行了实地调研。保护中心副主任李文琳、中心主任助理张剑、中心专利导航部门负责人邓科峰和中心维权部门负责人刘凯怡等进行了接待，并对保护中心的工作内容、建设过程和人员情况进行了介绍和交流。

附录图 1　调研团队在保护中心外合影

---

* 附录一调研情况由王叶协助整理，在此表示感谢！

一、保护中心基本情况

保护中心是深圳市首个国家级知识产权保护中心。截至 2019 年 4 月国家知识产权局已批复设立 20 多家国家级知识产权保护中心，分布在北京、上海、广东、浙江、江苏、山东等地，涉及新一代信息技术、人工智能、生物制药和健康及新能源、新材料产业等新兴领域。

深圳的保护中心坐落于前海基金小镇，面向新能源与互联网两大产业，旨在构建集快速授权、快速确权、快速维权、导航运营等功能于一体的知识产权快速协同保护平台。保护中心一楼是服务大厅和宣传展示区；三楼分成两大区域，分别包括 2 个审理（仲裁）庭、2 个调解室、1 个多功能厅（培训室）等。

附录图 2　保护中心工作区

保护中心是落实国家知识产权局与深圳市人民政府《共创知识产权强国建设高地合作框架协议》的具体体现，对深圳推进知识产权强企建设、促进高质量知识产权创造、打造知识产权保护高地、实现"四个走在全国前列"具有重要意义。

二、保护中心业务范围

保护中心可受理的业务包括三类：第一类是以往的代办处业务，包括专利受理、专利缴费、专利费用减缴备案、专利事务服务和专利申请优先审查推荐。第二类是保护中心业务，包括快速预审服务主体备案、专利申请预审服务、专利确权预审服务和专利权评价报告预审服务。第三类是专项资金资助服务，包括专利申请资助、计算机软件著作权登记资助、境外商标注册资助。其中第二类业务是保护中心的重点业务。

（一）快速预审服务主体备案

快速预审服务主体，要求具有以下条件：（1）注册或登记地在深圳市行政区域，具有独立法人资格的企事业单位。（2）备案主体的主要生产、研发或经营方向，属于新能源或互联网产业。（3）申清备案的单位具有较好的创新基础以及良好的知识产权工作基础，有稳定的知识产权管理团队，建立规范的知识产权管理制度。对符合条件的企事业单位自愿申请，提交申请材料；保护中心对备案申请材料进行初步审核，形成拟备案申请主体名录，并提交国家知识产权局；经国家知识产权局复核、确认后，形成备案名单；保护中心将备案名单进行网上公示。附录图3为快速预审备案流程图。

（二）专利申请预审服务

完成备案的申请人通过保护中心提交新能源或互联网技术领域（分类号）的专利申请快速预审申请，保护中心进行审核，对通过审核的专利申请标注并提交进入快速审查通道。附录图4为专利申请快速预审流程图。

（三）专利确权预审服务

已在保护中心完成备案的专利确权请求人，如果提交的专利申请属于新能源或互联网技术领域（分类号），向保护中心提交专利确权请求文件

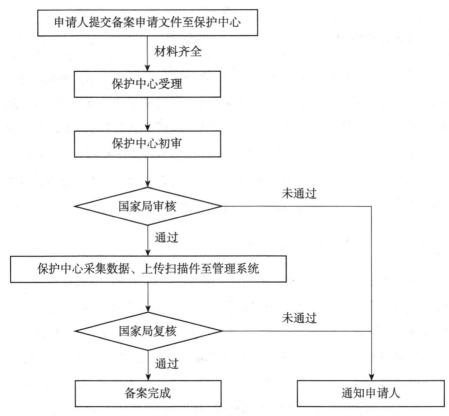

附录图 3　快速预审服务主体备案流程

后，保护中心将对请求文件进行预审，形成预审结论。未通过保护中心预审的，请求人可按照普通程序向国家知识产权局专利局复审和无效审理部提交请求。通过保护中心预审的，请求人向复审和无效审理部提交正式确权请求，并反馈至保护中心；保护中心对正式提交的专利确权请求进行审核，审核合格后，将相关专利号提交至国家知识产权局复审和无效审理部。

（四）专利权评价报告预审服务

已在保护中心完成备案的单位，如果提交的专利申请属于新能源或互联网技术领域（分类号），在申请阶段即已通过保护中心预审合格并授权的（不包括转为普通程序的申请），专利权评价报告请求人到保护中心提交专利权评价报告请求文件，保护中心将对请求文件进行预审，形成预审

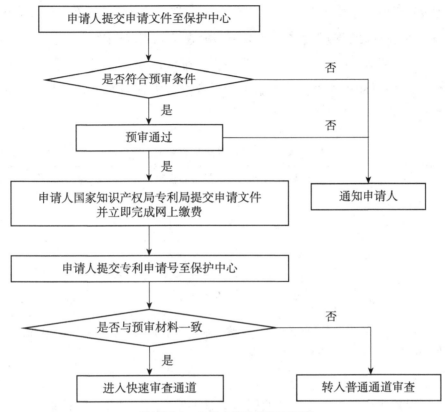

附录图 4　专利申请快速预审流程

结论。未通过保护中心预审的，请求人可按照普通程序向国家知识产权局专利局提交请求。通过保护中心预审的，请求人向国家知识产权局专利局提交正式评价报告请求，并反馈至保护中心；保护中心对正式提交的专利权评价报告请求进行审核，审核合格后，将相关专利号提交至国家知识产权局。

三、保护中心对创新的支撑作用

对于新能源或互联网产业，利用保护中心服务将大大缩短专利授权和确权的周期。在快速授权方面，为符合受理条件的专利申请提供专利审查和保护的快速通道，大幅缩短企业技术创新、转化和保护周期。在快速确权方面，通过建立专利无效和复审快速立案、快速确权通道，新增电子办理复审无效程序和在线电子提交方式，保证高质高效完成立案，针对符合条件的专利权提供快速确权，实现复审无效程序的快速审结。

如附录表 1 所示，对比以往程序，专利的平均审查周期大幅缩短，效率普遍提升 80% 以上，复审案件、无效案件审查周期也有不同程度的缩短。

附录表 1　专利审查程序耗时对比

审查项目	以往程序耗时	保护中心程序耗时	效率提升率 [1] / %
外观设计专利	5 个月	10 个工作日以内	90.38
实用新型专利	6 个月	1 个月	83.33
发明专利	22 个月	3 个月	86.36
案件复审	11 个月	6 个月	45.45
无效案件复审	5.5 个月	4 个月	27.27

数据来源：广东省知识产权局 . 上线广东民声热线［EB/OL］.［2018-5-29］. http：//www.gdhotline.gov.cn/mobile/programs/579.

保护中心对支撑深圳产业创新具有重要作用。目前在保护中心完成备案的企业包括比亚迪、深圳能源、中广核、格林美等深圳大型新能源企业，以及腾讯、迅雷、大疆、华为、顺丰等知名互联网企业。保护中心提供的快速授权与确权服务在优势产业领域将吸引更多优秀企业落户深圳。

四、深圳市其他知识产权服务机构 [2]

（一）中国（南方）知识产权运营中心

中国（南方）知识产权运营中心（以下简称"南方中心"）是国家知

---

[1] 效率提升率 =（以往程序耗时—保护中心程序耗时）÷ 以往程序耗时 ×100%。除第一项外观设计专利中 5 个月换算为月平均工作日 20.83 天 / 月 ×5 月 ≈ 104 个工作日进行计算外，其余均按表中数据以月为单位进行计算。

[2] 相关信息来源于国家知识产权局和深圳市知识产权局官网。

识产权局 2017 年批复设立的国家级知识产权运营平台。南方中心主要围绕知识产权金融、知识产权强企建设、高价值知识产权培育运营三大核心业务，重点探索拓展知识产权金融创新工程、知识产权强企建设工程、高价值知识产权培育运营工程、知识产权公共信息服务工程、知识产权联盟工程、知识产权合规管理工程、知识产权评议工程、商标品牌培育工程、知识产权维权工程、知识产权国际运营工程十大业务工程，目标是成为国际标准、高点定位，"依托粤港澳大湾区，立足深圳，服务全国，辐射全球"的国家级样板平台。

（二）深圳国家知识产权局专利代办处

深圳国家知识产权局专利代办处是国家知识产权局专利局在深圳市知识产权局设立的专利业务派出机构，于 2006 年 3 月 22 日正式开业，主要承担国家知识产权局专利局授权或委托的专利业务及相关服务性工作，工作职能属于执行专利法的公务行为，同时承担深圳市知识产权局授权或委托的业务工作，其主要业务包括专利申请文件的受理、专利实施许可合同备案、专利权质押合同登记、办理专利登记簿副本、专利电子申请注册用户 USBKEY 数字证书注销重签业务、专利费用的收缴、网上缴费异地票据领取、在先申请文件副本、专利文档查阅复制及相关业务咨询服务；费用减缓请求的审批、发明专利优先审查推荐、知识产权专项资助受理及审批、知识产权宣传培训及战略研究服务、专利信息服务、知识产权维权援助咨询、计算机软件著作权登记等。

（三）深圳市专利信息服务中心

深圳市专利信息服务中心是 2013 年 1 月国家知识产权局批复在深圳市设立的地方信息服务机构，主要承担完善专利信息公共服务体系建设，促进专利信息的广泛传播和有效利用工作。2017 年 11 月，"深圳市专利信息服务中心检索及分析系统"正式上线，该系统不仅收录了 103 个国家（地区和组织）的专利、引文、同族、法律状态等数据信息，还提供了国别代码、关联词、双语词典、分类号、申请（专利权）人别名等辅助数据资源。该系统数据更新及时，中国专利数据每周二、五更新；国外专利数据每周三更新；同族数据每周二更新；法律状态数据每周二更新；引文数据每月更新。该系统以专利检索和专利分析为核心，提供了全方位的专利检索方式、浏览模式和分析模型，其中包括药物专题检索、自建库检索、标引分析等多种个性化定制服务。

附录二 "知识产权+"系列讲座节选

自 2016 年秋季起，以"知识产权法律及实务"课程为依托，在清华大学深圳国际研究生院共举办 18 场"知识产权+"系列讲座，节选其中 5 场讲座的概况。

一、"知识产权与营商环境"讲座

时间：2018 年 5 月 14 日

主讲嘉宾：张学斌（时任深圳市知识产权局知识产权保护处副处长）

讲座围绕知识产权的基本属性和深圳市知识产权保护工作展开。

以深圳为例，对知识产权的三个基本属性进行详尽描述。第一，知识产权是创新成果的体现，是衡量创新能力的标志。通过对比深圳市和中国其他重要城市的知识产权数据，从中国专利金奖数、PCT 国际专利申请量、每万人口发明专利拥有量、国内发明专利申请量、拥有有效发明专利量、国内发明专利授权量等多个指标，全面总结了深圳市知识产权发展现状和优势。深圳是创新之城，以华为、中兴通讯、腾讯等为代表的企业对深圳创新能力的发展起到了巨大的推动作用，同时政府也将知识产权纳为高新技术企业认定的重要条件之一。第二，知识产权是核心竞争力，是企业之间、国家之间重要的竞争手段。知识产权是一种"合法的垄断"，目前国内外企业之间的诉讼多是围绕专利展开，如苹果诉三星案、华为诉

IDC 案等，知识产权成为企业之间竞争的重要武器。国际经贸领域的主战场也是围绕知识产权展开的，美国多次对华进行"301 调查""337 调查"。第三，知识产权是一种无形资产，最终目的是实现其商业价值。知识产权价值实现的方式主要包括垄断经营、交叉许可、转让许可、质押融资、诉讼赔偿等。NPE（非专利实施主体）目前也很常见，它的实质是拥有专利权的主体本身不实施专利技术，而是通过许可、诉讼等方式盈利。

张学斌结合自身的工作经历，对深圳的知识产权保护工作提出思考。只有严格的知识产权保护制度才能激励创新、保持核心竞争力、实现价值，如果没有严格的知识产权保护制度，一切都无从谈起。知识产权保护好比一个"跷跷板"，主管部门需要在"私权"和"公权"间的利益中寻找平衡。深圳作为创新型城市，致力于实施最严格知识产权保护措施来保护科技创新成果，并提出了"大保护、严保护、快保护"的知识产权保护体系。

二、"民商事活动中法律风险防范"讲座

时间：2018 年 5 月 15 日

主讲嘉宾：张彬（时任深圳前海合作区人民法院副院长）

讲座围绕民商事活动中的证据法律意识及对纠纷解决方式展开。

证据意识十分重要，现代人应当提高证据意识，打官司在一定意义上就是打证据，要有重视证据并自觉使用证据的觉悟。证据保存的主要方法包括立字为证、收集补充证据、依法求助法院取证、向法院申请调查等。当事人双方在签订合同时应事先约定送达地址，可以保证应诉材料的及时送达，降低维权成本和审理周期。证据的种类有八种：当事人陈述、书证、物证、视听资料、电子数据、证人证言、鉴定意见和勘验笔录。其中，录音证据和证人证言是情况较为复杂的两类证据，录音证据的有效性及证人证言的真实性等都需要谨慎考量。举证责任一般依据"谁主张，谁举证"原则，但在消费者权益保护纠纷、劳动争议纠纷、侵权纠纷等案件中也存在举证责任倒置的情况。民事诉讼与刑事诉讼的证明标准也有所差

异，民事诉讼证明标准是"明显优势证据"，而刑事诉讼证明标准是"排除合理怀疑"，要求证据切实充分。

争议解决有四种途径：和解、调解、仲裁、诉讼。和解是指双方当事人在发生民事纠纷后通过协商或妥协达成合意。调解是指由中立的第三方从中作用，使纠纷主体双方和平协商、解决纠纷。根据主体不同，调解分为法院调解、行政调解、仲裁调解、群众调解、个人调解、行业协会调解等。仲裁是指双方当事人将争议提交至仲裁机构，由仲裁机构进行评判和裁决。仲裁具有高效、快捷、保密性高等特点。诉讼是指人民法院依照法律规定解决争议，它和仲裁在受案范围、裁判权行使主体、审级、公开进行的要求、裁判者的约定等方面都有所区别。

三、"世界知识产权组织与全球知识产权保护体系"讲座

时间： 2018 年 10 月 14 日

主讲嘉宾： 吕国良（WIPO 中国区顾问、原 WIPO 驻中国办事处副主任）

讲座围绕着 WIPO 的发展历史和全球知识产权保护体系展开。

简要介绍 WIPO 的发展历史和战略目标。WIPO 是致力于利用知识产权作为激励创新和创造手段，促进全球发展的联合国专门机构，其使命是领导发展兼顾各方利益的有效国际知识产权制度，让创新和创造惠及每个人。目前 WIPO 有 193 个成员国，所管理的 26 个国际公约构成了全球知识产权的法律框架。

对《专利合作条约》、商标国际注册马德里体系、工业品外观设计国际注册海牙体系（简称"海牙体系"）和替代性争议解决做详细讲解。对于《专利合作条约》（简称 PCT），中国于 1994 年成为共成员国，至 2017 年中国已成为 PCT 申请第二大原属国，按这样的速度发展，中国将在不久成为全球 PCT 的第一大用户。对于海牙体系，虽然中国目前尚未加入海牙体系，但已经有中国公司通过变通方式利用海牙体系，成功实现了外观设计海外申请和保护，成为海牙体系的受益者。如果中国《专利法》第四次

修改顺利通过，外观设计专利的保护期从 10 年修改成 15 年，中国加入海牙体系指日可待。

四、"知识产权侵权案件的审理要素及处理实例"讲座

时间：2018 年 10 月 20 日

主讲嘉宾：喻湜（深圳市南山区人民法院知识产权庭法官）

讲座以法官的视角诠释知识产权案件，围绕知识产权案件审理展开。

喻湜从法官视角，结合丰富详实的案例，讲解知识产权案件审理的要点，重点分析案件审理六个要素，按案件审理的逻辑顺序分为权利基础、权利主体、被控行为、侵权构成、特殊免责和损害赔偿。

在案件审理之初，要明确案件主张的客体是否存在被知识产权法保护的权利基础，以及提起诉讼的一方是否为该客体的权利主体。唯有这两个方面符合要求，案件才满足审理的前提。例如，已经固化到只读存储器中的固件程序是否属于受著作权法保护的计算机软件，音乐喷泉作品是否受著作权法保护，被授权代理人身份的公司能否直接作为诉讼主体提起诉讼。在面对备受争议的问题时，法官的判断需要符合立法精神。

针对具体案情审理过程中的争论要点，讲解如何迅速厘清案情。例如，当被告主张侵权事件并非本人所为时，案件审理的关键在于审查"被控行为"的事实情况。关于侵权构成，以产品外观侵权案件中产品比对举例，说明如何从整体相似角度来认定构成侵权。另外，在抗辩过程中，特殊免责情况往往是导致不同审判结果的重要因素。常见的特殊免责情况包括涉外定牌加工、商标的描述性使用、合法来源抗辩、避风港原则等。

五、"商业秘密保护实务问题探讨"讲座

时间：2019 年 5 月 7 日

主讲嘉宾：黄娟敏（深圳市南山区人民法院知识产权庭庭长）

讲座从真实案件出发，围绕商业秘密保护的法律实务展开。

黄娟敏以可口可乐配方泄露案为例介绍商业秘密的特点，即不为公众

所知（秘密性），具有商业价值，经权利人采取了合理、适当的保密措施（保密性）。商业秘密案件具有社会关注度高、行为人学历较高、民事案件中的原告胜诉率较低、刑事案件的定罪率较高等特点。

商业秘密侵权案件具有以下审理思路和分析方式。第一，原告应明确商业秘密的属性及具体内容，同时原告应证明被告未经许可使用了相同的商业秘密；第二，要判断被告是否实施了侵犯原告商业秘密具体的不正当竞争行为，同时明确被告是否存在合法抗辩的具体事由；第三，确定被告是否侵权，应当承担何种法律责任，以及赔偿数额应当如何确定。

商业秘密保护的具体建议，包括建章立制，分类管理；签署保密协议和竞业限制协议；公示保密规章，经常性的保密教育；有选择性的使用传统信息媒介，重要信息做到接触留痕；规范互联网使用；完善保密硬件措施等。

参考文献

[1] J. M. 穆勒 . 专利法 [M].3 版 . 沈超，李华，吴晓辉，等，译 . 北京：知识产权出版社，2013：203.

[2] 维克托·迈尔·舍恩伯格，肯尼思·库克耶 . 大数据时代 [M]. 盛杨燕，周涛，译 . 杭州：浙江人民出版社，2013：30.

[3] 蔡春林，陈雨 . 粤港澳大湾区绿色发展设想 [J]. 城市观察，2018（5）：31-36.

[4] 陈琼娣 . 开放创新背景下清洁技术领域专利开放许可问题研究 [J]. 科技与法律，2016（5）：944-957.

[5] 广东省知识产权研究与发展中心 . 广东八大战略性新兴产业专利分析：上 [J]. 中国发明与专利，2016（8）：25-40.

[6] 广东省知识产权研究与发展中心 . 广东八大战略性新兴产业专利分析：下 [J]. 中国发明与专利，2016（9）：27-42.

[7] 国家知识产权局专利局专利审查协作四川中心 . 特斯拉公司开放电动汽车专利深度分析 [N]. 中国知识产权报，2014-06-25（6）.

[8] 何隽 . 从绿色技术到绿色专利——是否需要一套因应气候变化的特殊专利制度？[J]. 知识产权，2010（1）：37-41.

[9] 贺琪 . 论我国知识产权资产证券化的立法模式与风险防控机制构建 [J]. 科技与法律，2019（4）：48-56.

[10] 胡张拓 . 国内适用被遗忘权的探讨 [D]. 北京：清华大学 .2017.

[11] 黄鲁成，常兰兰，苗红，等.基于 ESTP-Chain 四维分析法的老年福祉技术竞争态势分析 [J].科技管理研究，2016，36（12）：213-219.

[12] 黄鲁成，王凯，王亢抗.基于 CiteSpace 的家用空调技术热点、前沿识别及趋势分析 [J].情报杂志，2014，33（2）：40-43.

[13] 靳书阳.特斯拉开放专利一箭双雕 [N].证券时报，2014-06-14（A1）.

[14] 柯然.知识产权证券化的国际经验及深圳实践 [J].金融市场研究，2019（10）：41-49.

[15] 李朋波.特斯拉开放专利背后的战略逻辑 [J].企业管理，2014（10）：24-26.

[16] 李舒瑜.深圳拟建立最严知识产权保护制度 [N].深圳特区报，2018-08-30（A4）.

[17] 鲁楠.跨国公司：全球化时代的"世界精神"[J].文化纵横，2011（6）：20-26.

[18] 马少华，付毓卉.改革开放以来广东绿色发展绩效评价 [J].华南理工大学学报（社会科学版），2018（5）：22-29.

[19] 牟萍，金庆微.基因诊断与治疗方法的可专利性研究 [J].重庆理工大学学报（社会科学版），2015（6）：74-79.

[20] 彭敏."大数据"时代的知识产权法保护 [J].传播与版权，2016（6）：178-180.

[21] 任自力，曹文泽.著作权法：原理·规则·案例 [M].北京：清华大学出版社，2006：19.

[22] 盛亚，孔莎莎.中国知识产权政策对技术创新绩效影响的实证研究 [J].科学学研究，2012（11）：1735-1740.

[23] 宋华琳.跨国公司如何影响中国行政规制政策 [J].行政法学研究，2016（1）：25-33.

[24] 覃雄派，王会举，杜小勇，等.大数据分析——RDBMS 与 MapReduce 的竞争与共生 [J].软件学报，2012（1）：33.

[25] 王哲. 基因产业的千亿未来 [J]. 中国报道, 2019（1）: 72–73.

[26] 王志民. 把握粤港澳大湾区发展机遇 携手打造国际科技创新中心 [N]. 学习时报, 2018–08–31（1）.

[27] 韦之. 保护奥运知识产权的现行法律依据 [J]. 科技与法律, 2004（3）: 44–46.

[28] 习近平. 开放共创繁荣 创新引领未来——在博鳌亚洲论坛 2018 年年会开幕式上的主旨演讲 [N]. 人民日报, 2018–04–11（3）.

[29] 杨华权. 搜索条目的著作权侵权风险分析——基于 robots.txt 的讨论 [J]. 中国版权, 2015（2）: 45–51.

[30] 杨涛. 对人工智能在金融领域应用的思考 [J]. 国际金融, 2016（12）: 24–27.

[31] 叶卫平. 知识产权保护限度的反思和平衡——以《深圳经济特区知识产权保护条例》为视角 [J]. 地方立法研究, 2019, 4（1）: 26–33.

[32] 张瑞萍. WTO 规则下跨国公司行为规制方式分析 [J]. 现代法学, 2005（3）: 168–174.

[33] 钟旭. 技术创新生产率的频率分布 [J]. 科学学与科学技术管理, 2002（8）: 55–57.

[34] 周德懋, 李舟军. 高性能网络爬虫: 研究综述 [J]. 计算机科学, 2009（8）: 26.

[35] DIETTERICH A. WIPO GREEN: Supporting Green Innovation and Technology Transfer[J]. WIPO Magzine, 2020（1）: 17–22.

[36] Bailón–Moreno R, Jurado–Alameda E, Ruiz–Baños R, et al. Analysis of the Field of Physical Chemistry of Surfactants with the Unified Scienctometric Model. Fit of Relational and Activity Indicators [J]. Scientometrics, 2005, 63（2）: 259–276.

[37] Cameron J. Hutchison. Does TRIPS Facilitate or Impede Climate Change Technology Transfer into Developing Countries?[J]. University of Ottawa Law & Technology Journal, 2006（3）: 517–537.

[38] Chikako Saotome, Yurie Nakaya, Seiji Abe. Patent production is a prerequisite for successful exit of a biopharmaceutical company[J]. Drug Discovery Today, 2016, 21 (3): 406-409.

[39] Cornell University, INSEAD, and WIPO. The Global Innovation Index 2018: Energizing the World with Innovation[R]. Ithaca, Fontainebleau, and Geneva, 2018.

[40] Cornell University, INSEAD, and WIPO. The Global Innovation Index 2019: Creating Healthy Lives—The Future of Medical Innovation [R]. Ithaca, Fontainebleau, and Geneva, 2019.

[41] Derek Eaton, Fulai Sheng. (Eds.) Inclusive Green Economy: Policies and Practice. Dubai[M]. Shanghai: Zayed International Foundation for the Environment & Tongji University, 2019.

[42] Dove Edward S. Biobanks, Data Sharing, and The Drive for a Global Privacy Governance Framework[J]. Journal of Law Medicine & Ethics, 2015, 43 (4): 675-689.

[43] E. Richard Gold, Julia Carbone. Myriad genetics: In the eye of the policy storm [J]. Genetics in Medicine, 2010, 12 (4 Suppl): S39-70.

[44] Elon Musk. All Our Patent Are Belong To You[N/OL]. [2014-6-12]. https://www.tesla.com/blog/all-our-patent-are-belong-you.

[45] Holger Ernst. Patent Information for Strategic Technology Management [J]. World Patent Information, 2003, 25 (3): 233-242.

[46] Jakob Edler, Luke Georghiou. Public Procurement and Innovation—Resurrecting the Demand Side[J]. Research Policy, 2007, 36 (7): 949-963.

[47] Jo Bowman. The Eco-Patent Commons: Caring Through Sharing[J]. WIPO Magazine, 2009 (2): 4-7.

[48] Jorge E. Hirsch. An Index to Quantify an Individual's Scientific Research Output[J]. Proceedings of the National Academy of Sciences of the United

States of America, 2005, 102（46）: 16569–16572.

[49]Josh Lerner. Patenting in the shadow of competitors[J]. The Journal of Law and Economics, 1995, 38（2）: 563–595.

[50]Joung, Donald B. Kohn, Keiya Ozawa, Michel Sadelain. Gene therapy comes of age[J]. Science, 2018, 359（6372）: 4672.

[51]Kyle Jensen, Fiona Murray. Intellectual property landscape of the human genome[J]. Science, 2005, 310（5746）: 239–240.

[52]Ludivine Tamiotti, Robert Teh, Vesile Kulaçoğlu, Anne Olhoff, Benjamin Simmons Hussein Abaza. Trade and Climate Change: A report by the United Nations Environment Programme and the World Trade Organization[R]. Geneva: WTO Publications, 2009: 42–45.

[53]Mattioli Michael. Disclosing Big Data[J]. Minnesota Law Review, 2014, 99（2）: 550–551.

[54]Meir Perez Pugatch. Survey of Licensing Activities in Selected Fields of Environmentally Sound Technologies（ESTs）[R/OL]. January 2010. http://www.pugatch–consilium.com/reports/Licensing–Survey–Final–Report.pdf.

[55]Miller Marc. Cartoon Network LP, LLLP v. CSC Holdings, Inc.[J]. New York Law School Law Review, 2009, 54（10）: 585–600.

[56]Robert Dalpe. Effects of Government Procurement on Industrial Innovation[J]. Technology in Society, 1994, 16（1）: 65–83.

[57]Sangwon Suh, Joseph D. Bergesen, Thomas Gibon, Edgar G. Hertwich, Michael Taptich. Green Technology Choices: The Environmental and Resource Implications of Low–Carbon Technologies[R]. Nairobi: United Nations Environment Programme, 2017: 9.

后 记

本书研究内容与出版过程获 2018 年深圳市促进科技创新知识产权保护专项资金项目"深圳构建最严格知识产权保护制度研究报告"的支持。该项目于 2019 年 7 月结题,本书初稿完成于 2019 年 12 月。

2020 年 1 月,笔者由清华大学深圳国际研究生院调入最高人民法院知识产权法庭工作。本书所选用的报刊采访均发生在 2020 年之前,所表达的观点均已刊登,笔者身份为清华大学副教授。本书内容仅代表个人观点,与所在机构无关,与笔者 2020 年后的法官身份无关。

特此说明。